KB040884

마케터의 생활력

생각하고 행동하고 발견하며 성장하는

마케터의

생

활

력

최병호 지음

비즈니스북스

〈일러두기〉

이 책에 들어간 사진 자료는 대부분 저작권자의 사용 허락을 받았습니다. 그러나 일부는 저작권자의 회신을 받지 못해 출처를 명기하고 사용했습니다. 추후라도 저작권자에게 연락이 오면 적법한 절차를 진행하겠습니다.

마케터의 생활력

1판 1쇄 인쇄   2022년 2월 21일
1판 1쇄 발행   2022년 2월 28일

지은이 | 최병호
발행인 | 홍영태
편집인 | 김미란
발행처 | (주)비즈니스북스
등 록 | 제2000-000225호(2000년 2월 28일)
주 소 | 03991 서울시 마포구 월드컵북로6길 3 이노베이스빌딩 7층
전 화 | (02)338-9449
팩 스 | (02)338-6543
대표메일 | bb@businessbooks.co.kr
홈페이지 | http://www.businessbooks.co.kr
블로그 | http://blog.naver.com/biz_books
페이스북 | thebizbooks
ISBN 979-11-6254-268-2   03190

* 잘못된 책은 구입하신 서점에서 바꾸어 드립니다.
* 책값은 뒤표지에 있습니다.
* 비즈니스북스에 대한 더 많은 정보가 필요하신 분은 홈페이지를 방문해 주시기 바랍니다.

비즈니스북스는 독자 여러분의 소중한 아이디어와 원고 투고를 기다리고 있습니다.
원고가 있으신 분은 ms1@businessbooks.co.kr로 간단한 개요와 취지, 연락처 등을 보내 주세요.

이 책의 시작을 함께하는 이들에게

당신은 혹시 서점에 들러 '어쩌면' 하는 막연한 기대로 이 책을 집어 들었나요? 제목이나 표지, 혹은 우연히 펼친 페이지의 한 문장을 보고 뭔가 끌림을 느꼈을지도 모르죠. 흰 종이에 빼곡히 적힌 글자들 속에서 한 줄기 가능성을 발견하고 싶기도 했을 겁니다. 그게 바로 이 책을 처음 마주한 마음이니까요. 그 절절한 마음의 소중함을 알기에 책을 읽기 전 양해를 구하는 말씀부터 먼저 드리고 싶습니다.

죄송하지만 이 책은 그런 높은 기대를 채우기는 어려울

수도 있습니다. 읽다가 "유레카!"를 외칠 정도로 마케팅에 대해 황홀한 인사이트를 제공하는 책이 아닐 수도 있어요. 속이 뻥 뚫리는 사이다 같은 명쾌한 마케팅 매뉴얼을 선사하는 책도 아니고요. 그러나 한 가지, 혹시 저와 같은 마케터이거나 기획자로서 치열하게 고민하며 한 뼘의 성장을 바라는 마음이 있다면 이 책을 읽으며 고개를 끄덕이고 공감할 수 있을 겁니다.

다소 뜬금없는 고백이지만 저는 제가 마케터라서 참 좋습니다. 여전히 마케팅이라는 일을 하는 것이 즐겁습니다. 새로운 프로젝트를 맡으면 설레기도 하고 가슴이 뜨거워지기도 해요. 가만 보면 저와 비슷한 마음을 가진 마케터분들이 꽤 많은 것 같습니다. 누가 시키지 않아도 좋은 아이디어를 위해 많은 시간을 쏟고 새롭게 떠오르는 트렌드를 주저하지 않고 과감히 경험해보는, 바로 지금 이 책을 접한 여러분 말입니다.

참 감사하게도 저는 마케팅이라는 길에서 꽤 수많은 기회를 만났던 것 같습니다. 마음이 맞는 클라이언트와 늘 배울 것이 가득했던 프로젝트, 능력이 출중한 선후배 및 동료들을 만나 협업할 수 있었거든요. 일의 결과를 떠나 멋진 전문가들과 다양한 경험을 함께했던 순간들이 실로 소중했습니다. 그래서 제게 마케팅은 누군가에게 떠넘기고 싶은 노동이라기보다 매번 새롭게 깨닫고 나아가는 여정에 가까웠습니다.

이 책은 바로 그 여정의 순간들을 보고 듣고 느끼고 생각한 기록입니다. 저는 마케팅이라는 공동의 과제 앞에 마케터들이 헤쳐 모여 멋진 솔루션을 내기 위해 치열하게 고민했던 현장의 한복판에 있었습니다. 생각과 마음이 합을 이루고 움직이며 융합하는 '더불어'의 레이스였습니다.

그래서 저는 성과가 좋았던 캠페인 비법이나 비화보다는 어려운 길이지만 함께 밟아나갔던 우리의 여정을 이야기하려고 합니다. 걷기도, 뛰기도 하지만 때로는 넘어지기도 했던 걸음걸음의 생각과 깨달음 그리고 마음가짐을 소박하게나마 나누고 싶습니다.

저는 결핍으로 살아갑니다

부끄럽지만 저는 살면서 꽤 많은 결핍감을 느끼곤 합니다. 일상 속에서 너무나 자주 '나는 부족해'라고 생각하죠. 훌륭한 능력을 가진 분들과 마케팅 프로젝트를 하다 보면 더 크게 느끼곤 합니다. 그러나 그저 멋진 모습을 동경하는 데 그치진 않았습니다. 내 부족함과의 거리를 인정하되 좀 더 가까이 다가가고 싶었습니다. 스스로 부족하다는 생각을 내버려두기보다 저만의 방식으로 어떻게든 채우고 싶었어요. 못내 인정하는 무기력함보다는 적극적으로 가능성을 찾아 열심히 쫓아가보고 싶었습니다.

그런 갈망은 '어떻게 하면 생활력이 있는 사람이 될 수 있을까'라는 고민을 하게 했습니다. 대단한 성과를 기대하진 않아도 제게 주어진 시간을 요긴하게 쓰고 싶었습니다. 누가 시키지도 않았는데 먼저 나서서 아이디어를 내보기도 하고, 조금 더 공부하기도 하고, 이상한 취미에 목숨을 걸어보기도 했습니다. 사실 이런 생활의 힘이 저를 옳은 방향으로 이끄는지, 마케터로서 잘하고 있는지는 모르겠습니다. 하지만 확실한 건 제게 주어진 일상을 누군가에게 내주기는 싫었습니다. '제대로' 살고 있는지는 모르겠지만 '제 맘대로' 살고 싶었거든요.

마케터에겐 일상의 주도권을 갖는 게 꽤 중요하다고 생각합니다. 마케터에게 마케팅은 일이기도 하지만 생활이 되기도 하니까요. 퇴근 시간이 지났어도, 누가 시키거나 말거나 상관없이 더 좋은 아이디어를 위해 시간을 씁니다. 때로는 직접 소비자가 되어 사람들이 모이는 이곳저곳을 누비기도 합니다. 뭔가 말할 수 없는 기운에 휩싸여 하루가 온통 마케팅으로 빼곡하게 차 들어갑니다. 사실 누가 시켜서 하는 것도 아닌데 말입니다. 스스로 선택하고 살아가는 마케터로서의 주체적 삶이기 때문입니다.

그렇기에 마케터로서 저 자신과 제가 보내는 생활을 들여다보고 싶었습니다. 마케팅을 배우고 꿈꾸고 실천하고 싶은 저란 사람에 대한 관찰과 발견이 필요했거든요. 그래서 일과 일상이라는 교집합의 한가운데서 좋은 마케터가 되기 위한 일종의 자아 찾기를 하고 싶었습니다. 업무 능력이 출중한 완성형 마케터는 아니더라도 늘 배우고 변화하며 노력하는 성장형 마케터가 되고 싶었습니다. 성공 사례를 만들어낸 멋들어진 전략보다는 좌충우돌하고 실수했던 일에서 깨달은 참 배움을 함께 나누고 싶었습니다.

생활의 힘을 함께 나누었으면 합니다

첫 번째로 나누고 싶은 생활력은 생활 속에서 발휘되는 '생각의 힘'입니다. 작은 씨앗과도 같은 여린 생각에 싹을 틔우고 생장시키는 성장통에 관한 이야기를 하려고 합니다. 손톱만 한 생각에 햇빛과 물을 주고 거름을 주는 일련의 과정에 대한 기록이기도 합니다. 생각은 갇혀 있지 않습니다. 그렇기에 자라면 자랄수록 그 넓이와 깊이는 무한대로 확장될 수 있습니다. 공들인 생각의 시간은 경계를 허물고 자유롭게 날 수 있는 날개를 선물합니다. 바로 이런 생각, 마케터로서 무엇을 어떻게 고민해야 하는지 생각을 단련하는 생활력에 관해 이야기하고자 합니다.

두 번째로 나누고 싶은 생활력은 생활 속에서 움직이는 '행동의 힘'입니다. 별다를 것 없는 생활 속에서도 얼마든지 일말의 가능성을 발견할 수 있습니다. 주어진 하루를 '존버' 하기보다 마음껏 누려보려는 다짐을 기록했고, 수많은 갈등과 부딪힘 속에서도 묵묵히 삼켜내며 차곡차곡 쌓아갔던 마음가짐과 몸가짐을 공유하고자 했습니다. 다시 오지 않을 오늘에 충실하며 내일의 달라진 나를 위해 나아가는 생활력에 관해 이야기하려고 합니다. 마케팅을 위해 무엇을 어떻게 실천해야 하는지에 대한 일종의 생활 흔적입니다.

마지막으로 나누고 싶은 생활력은 일상 속에서 발견하는 '취향의 힘'입니다. 소소한 취미에서도 일과 연결된 가치를 발견할 수 있습니다. 단순히 업무에 직접 도움이 되는 시너지라기보다 마케팅에 매몰된 스펙트럼을 넓히는 시야에 관한 이야기입니다. 일과 여가를 분리해 균형을 찾아가는 워라밸work-life balance이 아니라 일과 여가를 융합하는 워라믹work-life mix이라 할 수도 있을 것 같습니다. 나로부터 시작된 취향의 발현이 마케터를 넘어 한 인간으로서 걸어가는 발자취가 됩니다. 마케팅을 위해 어떤 취향을 설계하고 어떤 취미를 즐겨야 할지에 관한 이야기를 담고자 했습니다.

결국 이 책은 마케터로서의 생각과 마음, 행동과 취향에 대한 소박한 의지가 담겨 있습니다. 결코 화려하게 핀 꽃이나 싱그럽게 맺힌 열매 같은 성공 스토리가 아닙니다. 햇빛과 비바람 속에서 흔들리며 움터야 했던 순간에 대한 다시 보기입니다. 내 안에 나이테를 그려가는 현재진행형의 순간을 함께 들여다본다고 생각하면 좋을 것 같습니다. 한 치 앞을 모르는 불투명한 하루살이지만 그 하루들이 모여 생활력 있는 마케터로 성장할 수 있으리라는 작은 소망의 기록입니다.

진심 어린 위로와 공감이 되길 소망합니다

마케터로서의 생활과 마케팅을 마주하는 태도는 여전히 제겐 숙제입니다. 그러나 이것만은 확실한 것 같습니다. 지금보다 나아지기 위해 노력한다는 것, 여전히 잘하지 못해도 잘하고 싶은 마음을 갖는 것, 일이 되게끔 하는 데 온 신경을 쏟는 것, 마케팅이라는 단어에 여전히 가슴이 두근거리는 것…. 그리고 이런 것들을 제가 참 좋아한다는 것을요.

사실 이 책을 쓰는 과정은 망설임의 연속이었습니다. 과연 내가 책을 쓸 만한 깜냥이 되는 걸까, 과연 이 글이 가치 있는 내용이 될 수 있을까 하고요. 그럼에도 불구하고 이 책은 저와 같은 마음을 가진 분들이 읽어주었으면 좋겠습니다. 마케터라는 분명한 자아를 소중하게 생각하고 화려한 마케팅보다 배울 수 있는 마케팅을 꿈꾸는 분이라면 대환영입니다. 또한 저처럼 일상에서 결핍감을 느끼고 이를 자기만의 방식으로 채우고자 분투하는 분들에게 힘이 되었으면 좋겠습니다. 수많은 순간의 비루했던 제 생각과 마음을 통해 한 숨의 안도와 위로를, 한 줄기의 가능성과 모티브를 발견했으면 좋겠습니다.

이 책의 행간은 읽는 사람의 상황에 따라 다르게 읽힐 수 있습니다. 그렇기에 제가 이 책을 통해 전하고 싶은 진심이 포장되거나 왜곡되지 않고 있는 그대로 담백하게 다가가길 바라고 또 바랍니다. 때로는 생각으로, 때로는 마음으로 시작된 미세한 진동이 찰랑이는 물결로 구석구석 닿았으면 합니다. 작은 불씨지만 마음속 깊은 곳에서 뜨겁게 차오르는 진심 어린 응원이 된다면 좋을 것 같습니다. 작지만 중요한 힘이 되기를 바라는 마음으로 여기까지 달려왔습니다.

야근 후 마주한 새벽, 하늘을 올려다보는 게 좋았습니다. 깊이를 알 수 없는 밤하늘 위를 두둥실 유영하는 달 때문이었습니다. 늘 동그랗게 가득 채워져 있으면 좋으련만 어떨 때는 가느다랗게 실눈을 뜨기도, 어떨 때는 몸을 반으로 웅크리기도 했습니다. 마치 어느 날은 한껏 부풀어 오르다 어느 날 흔적도 없이 사라져버리기도 했던 제 감정과 생각인지도 모르겠습니다. 무섭도록 깜깜한 어둠 속에서 한결같이 빛을 머금으면서도 스스로 차올랐다 사라지는, 변화할 줄 아는 달이 되기를 소망합니다.

달이 한껏 차오른 어느 새벽

최병호

PART 4.
일상에서 발견하는 생활의 힘

1

마케터에게는
생활력이 필요하다

왜
생활력인가?

흔히 듣는 표현 중에 '생활력이 강하다'라는 말이 있다. '생활력'生活力의 한자 뜻을 그대로 풀이하면 '생활을 꾸려나가는 능력'이다. 어떤 상황에서도 생활을 온전하게 영위할 수 있는 원천적 파워를 뜻한다고 볼 수 있다.

그래서일까. 생활력이 강한 사람은 결코 편하고 익숙한 환경 속에 있지 않다. 자기 마음대로 통제할 수 있는 안온한 곳에 있지 않고 늘 위기에 직면해 있다. 그러나 아무리 혹독한 상황에서도 자책하거나 누군가를 비난하지 않는다. 어떤 식으로든 간결하면서도 단단한 생활을 해나간다. 촘촘하게 단련된 일상들을 쌓아가며 누적된 힘으로 위기를 극복하고 결국 뜻한 바를 이뤄낸다.

바로 지금, 생활력이 필요한 순간

어떻게 보면 지금이야말로 그 어느 때보다 생활력이 필요한 때인 듯하다. 코로나로 사람들과 거리를 두거나 마스크를 쓰는 것 이상의 변화가 다가오고 있기 때문이다. 당연하게 생각되었던 일상의 구석구석이 바뀌었다. 회사에 가지 않고 집에서 일하거나 자유롭게 출퇴근 시간을 정하는가 하면, SNS로 업무 상황을 보고하고 자신을 닮은 캐릭터로 회의를 진행하기도 한다. 코로나가 아니었다면 상상도 못 했을 광경이 곳곳에서 펼쳐지고 있다.

이런 모습은 코로나가 끝나도 사라지지 않을 변화들로 보인다. 당연하다고 생각했던 생활의 경계가 무너지고 새로운 생활이 도래하고 있다. 예전에는 우리의 상상을 기술이 뒷받침하지 못할 것 같았는데 요즘은 기술은 이미 준비되었고 우리가 변화하기를 주저하고 있는 모양새다. 일상 곳곳에서 일어나고 있는 수많은 변화의 한복판에서 어떻게 살아가야 할지가 관건이 되었다.

아이러니하게도 바이러스로 많은 것이 제한된 상황에서

더 많은 이야기가 탄생, 확산되고 있다. 만남이 단절된 사회에서 온라인을 통해 더 많은 소통이 실시간으로 이뤄지고 있다. 이런 복잡한 초연결의 시대의 중심부에 우리가 있다. 때로는 소비자의 한 사람으로, 때로는 그런 사람들을 면밀하게 들여다봐야 하는 마케터로 말이다. 사방이 변수로 가득한 상황에서 어떻게 생활해야 할지가 앞으로 우리의 미래를 결정할 것이다.

지금 이 시기가 심각한 위기가 아닌 절호의 기회라는 긍정의 목소리를 내고 싶진 않다. 위기는 점점 확대될 것이다. 우리를 둘러싼 환경도 더 낯설어질 것이다. 손에 잡힐 듯했던 소비자의 마음도 더욱 예측 불가능해질 것이다. 그러니 저 멀리 아른거리는 희망을 막연히 꿈꾸기보단 현재를 직시하고 어떻게 생활해야 할지를 강구해야 한다.

생활을 고민하며 마음을 다잡을 때 마케터이자 소비자로서 환경에 휩쓸리지 않는 자주적인 일상을 만들어갈 수 있다. 생활력 강한 사람, 뜻한 바를 뚝심 있게 이뤄내는 사람, 어떤 상황에도 흔들리지 않는 신념을 지닌 사람으로 나아가길 바란다. 이제 이 시대의 생존 비법은 마케터 자신이 만들어가는 탄탄한 생활력이 좌지우지한다고 해도 과언이 아닐 것이다.

'생', 날것 그대로가
환영 받는다

생활력의 '생'ᅟ生은 한자 그대로 '살아 있는'이라는 뜻이다. 이
생 자가 들어간 인생은 사람의 삶을 의미하며 우리가 태어나
서 살아가는 그 자체를 말한다. 생이 식품이나 물건 이름 앞
에 놓이면 '신선하다' 또는 '날것 그대로'라는 의미를 더하기
도 한다. 즉 생은 죽어 있거나 도태된 것이 아니라 늘 생동감
있게 살아가는 삶, 생명력을 의미한다고 할 수 있다.

　생각해보면 마케터처럼 삶에 관심을 가져야 하는 직업이
또 있을까 싶다. 수많은 사람의 관심사와 경험 속에서 다양한
의미를 찾아내는 이들이 마케터다. 요즘 사람들에게 인기 있

는 것은 무엇인지, 사람들은 무엇을 누리고 싶어 하는지, 어떻게 살아가고 싶은지를 파악하고 준비해야 한다. 사람들의 이야기에 귀를 기울이고 화제가 되는 트렌드의 흐름을 앞질러 나아가야 한다. 즉 소비자의 삶을 깊고 자세하게 들여다봐야 하는, 생과는 떼려야 뗄 수 없는 직업이다.

도태되지 않는 신선한 삶을 위하여

마케터 역시 한 사람의 소비자다. 그렇기에 수많은 삶이 모여 있는 한복판에서 누구보다도 생기 있는 생활을 해야 한다. 물론 시간이 흐르며 차곡차곡 쌓인 이야기도 가치가 있다. 하지만 마케터라면 꿈틀꿈틀 움직이는, 살아 숨 쉬는 이야기에 더욱 끌리기 마련이다.

그런 이야기를 주목하고 만들어가는 마케터에게 '신선함'은 무엇보다 중요한 가치다. 이 신선함을 유지하기 위해 마케터는 갓 만들어진 영화에서부터 전시회, TV 프로그램, 막 론칭된 브랜드까지 섭렵하려 노력한다. 신선한 자극을 통해 형성된 감각이 또 다른 신선한 무언가를 탄생시키는 결정적 단초가 되기 때문이다.

마케팅의 암묵적인 룰 중 하나로, 누가 먼저 하느냐에 따라 아이디어를 선도하는지, 따라가는지가 결정된다는 것이 있다. 빠르게 변화하는 흐름 속에서 아무리 좋은 아이디어라 하더라도 '아웃 오브 데이트'out of date인 생각은 "그거 이미 있는 건데." 같은 반응을 부른다.

최근 생겨난 협업 툴이나 생산성 앱 역시 빠르고 효율적인 절차를 위한 것이다. 이런 도구는 오랫동안 숙성시킨 아이디어보다는 순간 떠오른 생각을 바로 적용하고 누구나 쉽게 접근할 수 있게 해준다. 신선한 아이디어를 얻기 위해 굳이 오랜 시간이 걸리는 회의를 하거나 상위 직급에게 허가를 받는 절차를 생략하는 것이다. 물론 위대한 생각은 시대를 타지 않는다. 그러나 마케팅 세계에서 좋은 생각은 시의성을 담보할 때 더욱 빛이 난다.

또 중요한 점은 바로 날것 그대로의 느낌을 유지하는 것이다. 흔히 '로우raw하다'라는 표현을 많이 쓰는데 이는 패션이나 음악, 미술 등에서 어떤 격식이나 기조를 따르지 않고 작가 본연의 의도와 세계를 자유분방하게 그리는 것을 의미한다. 억지로 정제하거나 인위적으로 꾸미는 게 아니라 있는 그대로의 모습을 보여주는 것, 이것이 '생'이다. 누군가의 눈치를 보며 나를 포장하는 게 아니다. 생은 나라는 알맹이를 적나라하게 보여주고 '이게 나야!' 하며 당당히 드러내는 자신감의 또 다른 표현이다.

아이러니하게도 격식을 따지거나 기존의 관습대로 하지 않아도 나답게 일할 수 있는 환경이 도래했다. 이제는 출퇴근 시간 지옥철에서 시달리며 회사에 가지 않아도 된다. 더는 딱딱한 사무실 의자에 앉아 내 몸에 딱 맞게 둘러쳐진 파티션 안에서 일하지 않아도 된다. 내 집의 익숙하고 편안한 소파에 앉아서 편한 트레이닝복을 입고 업무를 처리할 수 있다. 지극히 사적인 나만의 공간에서도 얼마든지 일할 수 있음을 코로나 시기에 몸소 체험한 것이다.

어떤 틀에도 갇히지 않고 나라는 사람을 그대로 드러내 자유롭게 표현하는 것. 이는 마케터에게 너무나 중요한 덕목이다. 방 안에 갇혀서 인터넷을 통해 바라보는 정보와 몸소 세상을 경험하며 겪는 정보는 다르기 때문이다. 그렇게 다양한 경험을 온몸으로 받아들인 마케터에게서 좋은 생각이 탄생한다. 누군가가 정한 룰이나 원칙을 따를 필요는 없다. 결국 그 생각은 온전히 나라는 사람에게서 발현되기 때문이다.

유연하고 말랑말랑한 생은 나를 나이게 하면서도 나라는 사람에 주저하지 않는 당당함이다. 이런 태도는 날것 그대로의 나를 존중하고 나아가 사랑할 줄 아는 데서 시작된다.

'활', 사는 것이 아니라
살아가는 여정

생활력의 '활'活 역시 '살아 있는'이라는 뜻이다. 생과 유사한
것 같지만 생이 태어난 생명 그 자체를 의미한다면 활은 생존
과 관련이 있다. 즉 생이 삶 자체에 초점을 두고 있다면 활은
그 삶을 어떻게 살아야 하는지에 초점을 둔다.

　활은 '살다'가 아닌 '살아가다'에 가깝다. 즉 고정된 삶이
아니라 살아가는 과정으로서 무언가를 향해 진행되어가는
것을 의미한다. 이는 삶의 유지나 생존을 넘어 우리가 어디를
향해 가야 하는지, 어떻게 삶의 밀도를 채워가야 하는지와 관
련이 있다.

그런데 요즘은 대충 살아가는 게 '쿨'해 보이긴 한다. 솔직히 충분히 이해된다. 그 어느 때보다 살기가 팍팍하다고들 이야기한다. 세상은 점점 삭막해지고 주변에는 우리를 힘들게 하는 것투성이다. 아무리 열심히 살아도 길은 보이지 않는 것 같고 험난한 돌부리들이 우리를 가로막아 넘어뜨리는 것만 같다. '이생망', '7포 세대' 같은 말이 유행처럼 떠도는 것도 그런 각박함의 방증이라 할 수 있다. 가뜩이나 힘든데 코로나까지 불쑥 찾아와선, 우리가 사는 현실이라는 퀘스트를 점점 깨기 어렵게 만드는 것만 같다.

안타깝게도 마케터라는 직업을 선택하고 나서는 '적당히'가 참 어려워졌다. 조금만 느슨해져도 도태되기 쉬운 세계에 발을 들였기 때문일까. 매 순간 뒤처질까 걱정되고 무엇을 더 해야 할지 조바심이 나기도 한다. 갈수록 세상은 더 예측 불가능한 방향으로 흘러가고 있다. 항시 새로움을 추구하는 마케팅의 세계에서는 그저 헐떡이며 뛰어가기도 벅차다.

지치지 않는 주도적인 삶을 위하여

활의 '살아가다'란 뜻을 찬찬히 곱씹어보면 결국에는 어떤 방향으로 '나아간다'라는 의미임을 알 수 있다. 내가 어디론가 가고 있다는 게 핵심이다. 따라서 그곳으로 나아갈 때 걸어야 하는지, 뛰어야 하는지는 중요하지 않다. 내가 선택한 방향을 향해 한 걸음 한 걸음 나아가는 것, 그것이 활의 참 의미다.

주변의 실력 좋은 마케터들이 나를 추월해가는 것 같아도, 내 역량이 남들보다 좀 더디게 성장하는 것 같아도 조급해할 필요는 없다. 내 인생을 '살아가는' 주체는 나 자신이고 내 앞에 놓인 여정을 걸어가는 주인공도 나이기 때문이다. 누군가가 대신 살아줄 수도 없거니와 다른 인생과 비교하는 것 자체가 무의미한 오직 나만의 활이다. 그러니 다른 마케터의 일상을 부러워하며 자신의 일상을 폄하하지 않았으면 한다. 남들이 누릴 수 없는 나만의 하루이고 내게만 주어진 반짝이는 시간이기 때문이다.

또한 활은 '활기가 넘치다'라는 뜻이 있다. 만물이 생장하고 본래의 성질대로 기운을 뿜어낸다는 의미다. 활은 내가 나일 수 있도록 하면서 삶의 활동력을 부여하는 에너지의 원천이다. 또한 긍정적이고 적극적으로 살아가려는 생활 의지이자 태도다.

그래서 마케터처럼 무언가를 끊임없이 배우고 사람들을 자주 만나며 여러 가지 트렌드를 통섭시키려 애쓰는 이들에게 활력은 좀 더 진취적인 일상을 살게 하는 강력한 동기가 된다. 사실은 이렇게 왕성히 활동하는 것만으로도 예기치 않왔던 기회를 창출하거나 끙끙 앓고 있었던 문제를 해결하기도 한다.

마지막으로 활은 '콸콸 흐르다'라는 뜻이 있다. 어디 하나 막혀 있지 않고 열려 있으며, 다가오는 물살을 가로막는 것이 아니라 원활하게 흘러나가도록 한다는 것이다. 마케터는 세상의 작은 징후에도 민감해야 한다. 사람들이 무엇에 관심을 두는지, 어떤 것에 마음을 먹는지 잘 살펴야 한다. 그러기 위해서는 빠르게 돌아가는 이야기들에 귀를 기울이며 자신을 열어두어야 한다. 닫힌 마음이 아니라 늘 개방적인 자세로 무엇이든 수용할 수 있는 유연한 마음을 가져야 한다.

코로나는 많은 것을 변화시켰다. 마케팅의 방식도 완전히 달라지고 있다. 고객이 매장에 방문해서 제품을 고르고 사 가는 게 아니라 집 안에서 제품을 검색하고 집 앞에서 받는다. 코로나 이전엔 손쉽게 구매하기 어려웠던 제품들도 불과 20~30분 정도면 내 손안에 받아 들 수 있다.

마케터이자 소비자의 한 사람으로서 겪는 이런 변화를 몸소 체험해보는 것이 중요하다. 기존의 루틴에 머무르지 말고 세상의 변화를 가장 먼저 체감해보고 몸소 느껴야 한다. 소비자의 눈높이와 경험이 내 안에 누적되어야만 좋은 아이디어가 나올 수 있다.

'력', 쓰는 것보다
모으는 게 핵심

생활력의 '력'力은 말 그대로 '힘'을 의미한다. 힘이라는 건 무언가를 가능하게 하는 물리적 완력이다. 뜻한 바, 원하는 바를 가능하게 하는 능력이라고 할 수 있다. 그렇기에 권력, 재력, 세력처럼 '력'이라는 글자만 붙이면 세상을 지배하는 지위와 주도권을 의미하는 단어가 된다. 여기서 힘은 무엇이든 할 수 있는 커다란 가능성을 내포하고 있다. 상상력, 정보력, 기획력 등으로 쓰일 때는 특정 분야에 대한 전문가적 자질이 있음을 의미한다. 이렇듯 힘은 역량을 십분 발휘하는 원천이자 나만이 가질 수 있는 무기다.

문제는 힘도 일종의 자원이라 무한정 가질 수 없다는 점이다. 우리가 일상을 살아가면서 100퍼센트의 힘을 24시간 내내 쓸 수 없는 것과 마찬가지다. 사람이 쓸 수 있는 힘에는 한계가 있기에 적절히 분배하는 것도 중요하며 힘을 모으기 위해 쉬어가는 것도 필요하다. 즉 힘은 효율적인 분배와 적절한 타이밍이 필수다. 힘을 뺀 채 모아야 할 때가 있고 한 번에 모든 힘을 써야 할 때도 있다. 따라서 그저 강하기보다는 적재적소에 사용하는 것이 힘의 요체다.

　최근 많이 쓰이는 말에 '현타'라는 표현이 있다. 이것은 '현실 자각 타임'의 줄임말로 한창 꿈과 이상을 향해 노력하다 어느 날 갑자기 현실과 마주하게 되었을 때를 의미한다. 목표를 이루기 위해 치열하게 노력했을수록, 꿈의 크기가 원대했을수록 현실의 쓴맛, 즉 현타도 세다. 힘을 들여 최선을 다했던 일들이 내 맘대로 되지 않을 때 우리는 힘이 빠진다고 말한다.

　요즘 우리는 '대충'이 미덕인 시대를 살고 있다. 모든 일에 최소한의 에너지만 쓰면서 어느 정도 수준에만 도달하면 된다는 것이다. '하마터면 열심히 살 뻔했어' 같은 우스갯소리도 있을 정도다. 적당히 사는 게 복잡한 세상 편하게 살 수 있는 노하우인 듯하다. 사실 열심히 살아도 그 노력의 대가가 우리에게 찾아오는지 의심스럽기는 하다. 그러니 의욕이 생길 리 만무하다. 모든 일에 전력을 다하면 희망이 찾아올 것이라는 동화의 클리셰 같은 이야기를 나 역시 섣불리 하고 싶진 않다.

하지만 적당히 포기하되 전부를 내려놓지는 않았으면 한다. 특히 나를 가슴 뛰게 하는 것들, 내가 참 좋아하는 것들만큼은 힘을 들이려는 기세를 잃지 않았으면 한다. 그게 무엇을 이루기 위한 처절한 안간힘까진 아니어도 좋다. 그래도 내가 신나서 하는 무언가에는 적어도 힘을 낼 수 있다는 마음가짐이 중요하다고 생각한다. 가치가 있다고 생각하는 일에는 충분한 에너지를 쓰려는 작은 의지를 품었으면 한다.

힘을 쓴다는 건 단순히 에너지를 소진하는 것처럼 보이지만 가슴 두근거리는 일에 힘을 쓰는 건 오히려 힘을 되돌려 받는 일이다. 이런 일상 속 '힘의 페이백'이 '바이브' 넘치는 생활을 위한 에너지원이 될 수 있다.

흔들리지 않는 단단한 삶을 위하여

그렇다면 마케터에게 가장 필요한 힘은 무엇일까? 여러 가지 힘이 있겠지만 요즘 같은 때라면 '탄력'이 가장 필요하지 않을까 생각한다.

탄력에는 세 가지 뜻이 있다. 첫째는 '팽팽하게 버티는 힘'이다. 이른바 '존버'가 승리하는 시대다. 무언가를 굳이 하지 않고 버티는 것만으로도 기회를 창출할 수 있다. 우리는 대부분 선택의 갈림길에서 그 선택이 맞는지 가늠하고 판단하려고 한다. 그런데 사실 선택 그 자체는 별로 중요하지 않다. 설령 의도했던 선택이 아니더라도 그 선택이 옳았다는 걸 증명할 수 있는 충분한 시간이 주어지기 때문이다. 선택의 결과는 선택을 고민한 특정 지점이 아니라 선택 이후의 시간을 통해 판가름 난다.

따라서 순간의 선택은 인생을 좌우하지 않는다. 순간의 선택이 맞을 때까지 내 인생을 좌우할 만한 노력을 해야 한다는 게 더 맞는 표현 같다.

두 번째로, 탄력은 '반응이 빠름'을 의미한다. 외부의 어떤 작용이나 자극에 빠르게 대응하는 것이다. 이는 정해진 룰과 원칙을 따르기보다 본능적으로 유연하게 대처하는 것을 말한다. 마케터는 다양한 변주에 융통성 있게 대처하는 태도가 아주 중요하다. 사소한 변화를 세세하게 캐치하고 작은 움직임도 미세하게 느끼는 반응의 민감성이 필요하다.

코로나가 잠식한 일상은 단순히 우리의 외연만 바꾼 것이 아니라 우리의 행동과 우리의 생각까지도 바꿔놓았다. 점점 더 복잡해져만 가는 세상 속에서 소비자들의 미세한 내면의 흐름을 빠르게 감지하려는 노력이 그 어느 때보다 간절한 시기다.

마지막으로, 탄력은 '본래의 형태로 돌아가려는 힘'을 뜻한다. 어떤 물리적 외압 속에서도 나라는 사람의 본연의 성질을 지키려는 힘이다. 거대한 흐름 속에 휩쓸리다 보면 나를 잃어버리기 쉽다. 특히 흐름에 민감하게 반응해야 하는 마케터로서는 자기만의 기준을 지키기가 참 어렵다. 게다가 요즘과 같이 천지개벽에 가까운 변화는 우리의 생각과 결정을 크게 흔든다. 내가 올바른 마케팅 전략을 세운 건지, 내가 기획한 아이디어가 트렌드의 핵심을 반영하고 있는지 고민되고 망설여진다.

그러나 나라는 사람의 심지는 내가 생각한 것보다 훨씬 깊다. 나를 향한 의심보단 나를 위한 중심이 필요하다. 이리저리 휩쓸리도록 두지 말고 내면 깊은 곳, 나의 중심을 단단히 다져야 한다. 아무리 일상이 바뀌었다 한들 나라는 사람의 가치까지 바꿀 순 없기 때문이다. 자신을 굳건히 믿고 자신의 개성과 장점을 인정하며 본래의 형질을 뚝심 있게 지켜가려는 마인드셋이 중요하다.

생활력은 일상 속에서 발견된다

결국 생활력이란 삶에 대한 가치관과 사고방식, 이를 실행하려는 행동 양식과 실천 의지 그리고 일상 속의 태도와 자세로 요약된다. 어느 날 전혀 예상치 못한 변화가 불쑥 엄습한다고 해도 이런 생활력은 내가 살아가려는 생활을 단단하게 지켜주는 삶의 기준이자 근간이 될 것이다. 나를 나일 수 있게 하고 내가 나로서 존중받으며 가치 있게 살아가기 위한 돌파구이자 청사진으로 생활력을 키워나가면 좋겠다.

생활력은 막연하거나 아득히 먼 곳에 존재하는 것이 아니다. 인생을 살아가는 한 개인이자 마케터로서 조금 더 열심히 살고 잘 살아가고픈 일상에서 얼마든지 발견할 수 있다. 매일 똑같이 반복되는 하루가 아니라 매일 새로운 하루를 온몸으로 받아들이며 치열하고 간절하게 한 틈의 가능성을 좇을 때, 비로소 생활의 힘이 당신의 중심에 자라나기 시작할 것이다.

생각으로 발휘하는
생활의 힘

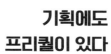

기획에도
프리퀄이 있다

마케팅에도 매뉴얼이 있다면 얼마나 좋을까? 정확한 프로세
스와 가이드가 있어 마케팅 과제를 입력하면 곧바로 솔루션
이 도출되었으면 참 좋겠다.

　아무리 생각해봐도 마케팅은 쉽지 않다. 아니, 솔직히 말
해 참 유별나다. 마케팅의 속성 자체가 어느 한 곳에 머무르
지 않고 끊임없이 움직이기 때문이다. 단어 자체가 벌써 현재
진행형(Market+ing)이다. 지금도 시장과 소비자는 생동한다.
따라서 늘 변수가 도사린다. 작은 불씨 같은 이슈가 거대한
불길로 확산되어 불매 운동이 벌어지기도 하고 작은 미담이

퍼지고 퍼져 소비자의 열렬한 구매와 홍보를 자처한다. 이렇게 예측 불가능한 흐름 속에서 예상하기 어려운 것들을 대비하고 활용하는 것이 마케터의 일이다.

세상에는 지금도 무수한 제품들이 탄생하고 있다. 그중 소비자의 선택을 받아 생존하는 제품과 브랜드는 극소수다. 심지어 장수하는 브랜드는 극히 일부다. 그렇기에 마케터는 소비자가 제품에 관심을 갖고 구매하게 하는 데 집중한다. 즉 성과를 만들어낼 수 있는 마케팅 솔루션을 치열하게 고민한다. 어떤 광고가, 어떤 프로모션이 우리 제품을 기억하고 좋아하게 해줄지 밤을 새워 찾는다.

그런데 나는 마케팅 솔루션에 집중하는 시간이 적은 편이다. 그보단 다른 고민을 하는 데 시간을 더 많이 쓴다. 바로 '문제를 찾는 일'이다. 눈으로 뻔히 보이는 문제를 찾는다는 게 다소 미련한 얘기처럼 들릴지도 모른다. 게다가 기발한 마케팅 솔루션을 찾기도 모자란 시간에 한가하게 문제나 찾는다고 생각할 수도 있겠다.

나는 마케팅에 대해 한 가지 소신이 있다. 마케팅 솔루션보다 제대로 문제를 찾는 것이 더 먼저라는 생각이다. 지금까지도 이 생각에는 변함이 없다. 나는 문제를 '제대로' 찾는 것만으로도 성공적인 마케팅 성과를 기대할 수 있다고 믿는다.

가만 생각해보면 솔루션은 해결해야 할 문제가 있기에 존재한다. 문제가 없으면 솔루션이 있을 리 만무하며 세상의 모든 솔루션은 문제로부터 기인한다. 솔루션이 제아무리 훌륭하더라도 해당 문제를 적합하게 해결하는 것이 아니라면 사실 솔루션이라 할 수 없다. 예를 들어 신종플루의 증상은 독감과 유사하다. 독감이라고 생각하고 감기약을 아무리 먹어도 낫지 않으며 타미플루를 복용해야 한다. 마찬가지로 문제를 잘못 진단하면 아무리 좋은 해결책이라도 제대로 기능하지 않는다.

웨이트 트레이닝 같은 프리퀄 트레이닝

우리는 흔히 문제와 현상을 착각한다. 표면적으로 드러난 것, 눈에 보이는 것을 문제라고 생각하는 경우가 꽤 많다. 하지만 때로 그것은 문제가 아니라 문제에서 비롯된 현상일 수 있다.

현상은 우리가 쉽게 지각할 수 있다. 그러나 문제는 그것을 찾기 위한 과정을 통해 알 수 있다. 쉽게 말해 집이 갑자기 추워졌다는 것은 문제가 아니라 현상이다. 어딘가 창문이 깨져 있다거나 보일러가 고장 났다거나 하는 이유가 있을 것이다. 문제처럼 보이는 현상을 만들어낸 궁극적인 원인을 찾는 것, 그것이 진짜 문제를 찾는 올바른 방법이다.

마케팅에서도 현상과 문제가 혼재할 수 있다. 가령 우리 제품의 매출이 떨어졌다고 했을 때 과연 매출이 떨어진 게 문제일까? 당장 눈앞에 닥친 문제처럼 보일 수 있다. 그러나 잘 생각해보면 매출이 떨어진 근본적인 출발 지점이 있을 것이다. 그렇다면 경쟁사의 신제품이 출시되었기 때문일까? 경쟁사의 신제품 출시에 우리 제품의 매출이 영향을 받았다는 것 역시 현상일 수 있다.

현상들 간의 인과관계를 명확히 살펴봐야 한다. 우리 제품의 특정 기능에 대한 아쉬움을 경쟁사의 신규 기능이 충족했기 때문일 수도 있고, 소비자가 비슷한 성능을 체감하면서도 가격이 저렴한 경쟁사 제품을 선택했기 때문일 수도 있다.

결과라는 현상을 추적해 궁극적인 원인을 찾아가는 과정을 나는 '프리퀄'prequel이라고 부른다. 프리퀄이란 영화의 에피소드에 선행하는 사건이나 과거 이야기를 뜻한다. 보통 영화에서는 흥행작이 생기면 그 히트작의 캐릭터 혹은 스토리를 중심으로 이전의 이야기를 다루는 속편을 제작하는데 이를 프리퀄이라고 한다. 즉 현재 발생한 에피소드가 현상이라면 그 현상을 만들어낸 과거를 주목하는 것이 프리퀄이다. 지금의 시장 상황과 소비자들의 행동이 과거의 어떤 원인 때문에 비롯됐는지 앞서 발생한 에피소드를 머릿속에 그려보는 것이다.

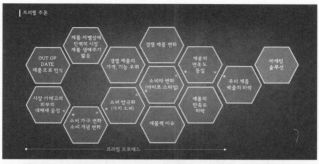

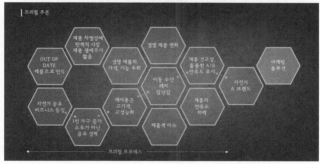

실제로 연습했던 프리퀄 트레이닝 예시. 어떤 문제
를 해결하기 위해 솔루션이 탄생했는지 추적해보면
광고에 숨겨진 의도를 파악할 수 있다.

사실 프리퀄을 하려면 트레이닝이 필요하다. 매일 하는 운동처럼 반복적으로 연습해야 한다. 프리퀄 역량은 원래부터 가진 재능이 아니라 후천적 노력으로 만들어진다. 즉 현상을 역추적해서 원인을 찾아가는 과정을 습관으로 만들려는 노력이 필요하다.

그중 하나가 TV 광고를 보고 역추론을 하는 연습이다. TV 광고는 15초 안에 비주얼과 카피로 소비자를 설득시키는 압축된 마케팅 솔루션이다. 광고를 보면서 모델이 어떤지, 영상미가 어떤지를 이야기하는 것은 나중이어도 좋다. 그보다 먼저 광고가 어떤 문제를 해결하기 위해 탄생했는지 역으로 추적해보는 것이 더 중요하다. 이 과정을 통해 진짜 문제를 발견하는 눈을 길러야 한다.

프리퀄로 문제를 찾을 때는 사실을 기반으로 한 논리적 근거가 중요하진 않다. 내가 알고 있는 사전 정보와 지식만으로도 충분하다. 프리퀄 트레이닝의 핵심은 거대한 정보를 통해 정답을 찾는 것이 아니라 문제를 발견하는 힘을 기르는 것이다. 애니메이션 〈명탐정 코난〉을 보면 단서는 모두 똑같이 주어져 있다. 문제는 그 단서를 어떻게 발견하고 분석해서 연결하느냐에 있다. 마찬가지로 광고 역시 시장에서 발견한 단편적인 단서들을 가지고 마케터의 관점으로 전략을 추론해

나간다. 이런 프리퀄을 훈련하다 보면 문제를 발견하는 통찰력이 생기는 것은 물론 흐름을 인지하는 눈이 뜨인다.

슬기로운 프리퀄 생활

프리퀄로 통찰력을 기르는 훈련은 단순히 마케팅 전략에 그치지 않는다. 모든 생활의 스펙트럼으로 확장할 수 있다. 특히 마케팅에 큰 영향을 미치는 트렌드를 분석하는 데도 효과적이다.

트렌드는 사람들의 공통된 심리가 모여 만들어낸 하나의 거대한 흐름이다. 또한 트렌드를 매개로 한 소비문화가 시장과 산업을 만들어내기도 한다. 마케팅에서 트렌드는 반드시 중요하게 파악해야 하는 대상이다.

마케터는 바로 이런 트렌드를 현상으로 보고 그 원인을 만들어낸 프리퀄을 고민한다. 이 트렌드가 왜 발생했는지, 무엇 때문에 화제가 되는지 탐구하는 것이다. 이런 노력은 마케터에게 새로운 역할과 결과를 선물한다. 단순히 트렌드를 인식하고 마케팅에 반영하려는 마케터는 수동적일 수밖에 없지만, 특정 트렌드가 생겨나고 퍼지는 원인에 대한 분석을 갖춘 마케터는 훨씬 적극적이다. 이런 능동적 자세가 있어야 트렌드가 발원되는 시작점을 찾아내고 성공적인 마케팅 솔루션을 선사하는 마스터키를 얻을 수 있다.

거대한 트렌드뿐만 아니라 우리가 소비하는 일상 속에서도 프리퀄 훈련을 할 수 있다. 영화를 보고 전시회를 관람하고 맛집에서 식사하는 일들의 프리퀄을 탐색하는 것이다. 아주 사소한 일들 같지만 그 속에서도 프리퀄을 통해 의미를 찾을 수 있다. 최근 화제에 오른 미술 작품이나 TV 프로그램, 유행어 등 프리퀄의 대상은 무궁무진하다. 이런 것들이 왜 요즘 인기를 끄는지 생각해보는 것이다. 사람들에게 이목을 끌고 회자되는 이유, 숨어 있는 원인을 일상에서도 충분히 고민해볼 수 있다.

한 예로 영화 〈보헤미안 랩소디〉의 흥행은 '싱어롱'sing-along이라는 새로운 행동 문화를 만들어냈다. 이것을 가지고 왜 사람들이 영화 OST를 따라 부르는지 깊이 생각해볼 수 있다.

가만 보면 영화관의 속성은 일방적이다. 영화를 상영하는 약 두 시간 동안 우리는 꼼짝없이 앉아서 관람한다. 또한 지극히 정적이다. 특정 장면에서 혼자 시끄럽게 반응하면 이상한 사람 취급을 받을 수도 있다. 콘텐츠에 실시간으로 반응하는 상호작용의 시대가 되었건만 영화관은 과거의 관람 분위기가 그대로 이어지고 있다. 이제는 영화관에서도 적극적으로 콘텐츠에 반응하고 표현하고 싶은 관람객들의 심리가 싱

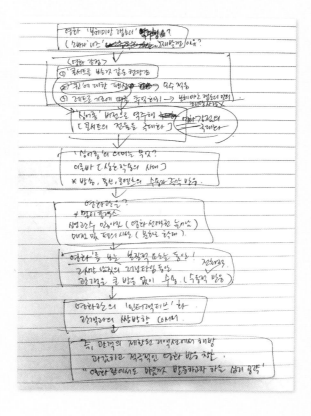

일상의 사례를 프리퀄 트레이닝한 예시. 생활 속에서 프리퀄 트레이닝을 습관화해보면 넓은 시야와 단단한 생각을 자연스레 갖게 된다.

어롱 문화를 만든 건 아닐까? 이렇게 우리가 흔히 접할 수 있는 현상에 대해 프리퀄을 시도해볼 수 있다.

　세상은 넓고 현상은 많다. 그만큼 프리퀄의 대상은 도처에 널려 있다. 그 현상 한가운데에서 우리는 소비자이기도 하지만 마케팅을 업으로 삼은 마케터이기도 하다. 생활 속에서 자연스럽게 습관화된 프리퀄은 넓은 시야뿐만 아니라 생각의 단단함을 선물할 것이다. 트렌드를 앞서 받아들이고 활발하게 누리는 트렌드 세터는 꽤 멋져 보인다. 그러나 마케터라면 트렌드의 한복판에만 머무르지 않고 그 트렌드를 이끌어낸 물길을 거슬러 올라가 발원지를 찾아내는 더 멋진 경험을 할 수 있다.

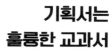

기획서는
훌륭한 교과서

마케터는 기획서를 잘 쓰는 것도 중요하지만 다른 마케터의 마케팅 기획서를 공부하는 것도 매우 중요하다. 기획서는 그것을 쓴 마케터의 생각이 고스란히 담겨 있다. 고단한 사투의 흔적이며 압축과 정제 과정을 거쳐 완성된 요체다.

그렇기에 마케터의 치열한 고민을 담은 기획서는 단순히 정보 차원을 넘어 귀중한 의미를 우리에게 전한다. 이런 의미와 가치는 기획서를 탐독하며 그것을 발견하는 사람의 것이 된다. 반면에 기획서를 보고 '잘 썼다'라는 느낌에 머물고 말면 한낱 감상으로 그칠 뿐이다. 기획서를 면밀히 살펴보며 분석하고 숙고해야만 그 안에 숨은, 생각지도 못한 보물을 발견할 수 있다.

기획서를 분석하는 것은 책 읽기와 유사한 점이 많다. 속독을 하면 전체 줄거리를 빠르게 알 수 있다. 저자가 이야기하고자 하는 바에 대한 전체적인 주제도 알 수 있다. 그러나 내게 울림을 주는 좋은 문장이나 글의 행간에 숨겨진 메시지를 찾기는 어렵다.

반대로 문장 하나하나를 소화하듯 정독하면 속독할 때는 몰랐던 새로운 내용을 발견할 수 있다. 마치 영화를 두 번째 봤을 때 처음에는 잘 몰랐던 장면의 의미를 알게 되고 감독의 의도를 파악할 수 있는 것처럼 말이다. 그렇기에 기획서 역시 빠르게 훑는 속독보다는 꼼꼼히 분석하듯 정독하는 것을 추천한다.

그렇다면 기획서를 어떻게 분석해야 할까? 기획서는 하나의 논리적인 유기체다. 기획서 한 장 한 장이 단순히 낱장으로 존재하지 않는다. 다음 장을 연결하는 가교가 되며 일종의 흐름 속에서 각각 역할이 있다. 따라서 한 장 한 장을 세밀하게 해석하는 것도 중요하지만 머릿속에 전체적인 그림을 그려보며 특정 페이지의 의미를 짚어보는 것이 중요하다.

기획서가 핵심적으로 주장하는 바를 먼저 파악하고 이를

설득적으로 전개하기 위해 낱장들이 어떻게 배치되고 구성되었는지 파악해야 한다. 이런 관점에서 나는 기획서의 분석이 용이하도록 순서도를 그려보는 편이다.

순서도는 어떤 일이나 사건을 의식의 흐름 혹은 진행 상황에 따라 배치한 그림이자 수식이다. 아마도 대부분이 초등학교나 중학교 때 순서도를 처음 봤을 것이다. 순서도는 명확한 전후 관계를 드러내고 생각의 경로를 보여주기 때문에 기획서를 분석할 때 매우 효과적인 도구가 될 수 있다.

먼저 핵심 내용으로 기획서에서 주장하는 바인 마케팅 콘셉트나 키 메시지를 순서도의 맨 마지막에 배치한다. 그리고 그 결론을 위해 어떤 흐름과 내용을 거쳤는지 하나씩 채워본다. 이는 단순히 순서도의 형식에 맞게 적어 넣는다기보다 내용과 내용 사이에 어떤 인과관계가 있는지를 확인하는 데 의미가 있다.

순서도로 기획서를 분석하는 것이 효과적인 이유는 기획서가 설득을 위해 존재하기 때문이다. 세상에 완전하고 무결점인 주장은 극히 희소하다. 다만 그 주장이 가장 타당한 대안이 될 수 있도록 설득하는 것이 기획서의 핵심이다. 순서도는 기획서가 설득을 극대화하기 위해 어떤 논리적인 맥락을 짚는지 보여준다.

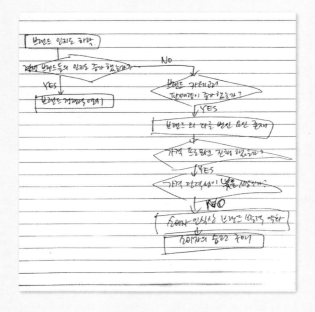

기획서의 내용을 순서도로 단순화해보면 기획서의 목적과 주장하고자 하는 바를 간명하게 파악할 수 있다.

직접 작성한 기획서를 검토할 때도 마찬가지다. 순서도를 통해 다시 살펴보면 기획서가 설득을 위해 탄탄하게 구성되어 있는지, 내용 간 연결이 빈약하지는 않은지 확인할 수 있다. 또한 다른 기획서에서 추출한 순서도를 바탕으로 자신의 기획서에 더 나은 전개 방식이나 흐름을 적용해 발전시켜도 좋다.

숨어 있는 정보를 찾는다

기획서에는 많은 데이터가 존재한다. 만일 제품이나 서비스에 대한 배경지식이 전혀 없다고 하더라도 기획서를 통해 그 내용을 알 수 있다. 해당 제품을 둘러싼 시장 환경과 경쟁사의 현황 같은 데이터를 통해 해당 업종에 대해서도 알 수 있다. 또한 제품과 브랜드의 중요한 지표를 넘어 최근 소비자 경향과 트렌드도 파악할 수 있다.

그런데 이런 정보들은 기획서를 확인하면 바로 알 수 있는 정보다. 이 정보는 기획서를 열람하는 누구에게나 열려 있다. 따라서 이런 표면적 정보보다는 기획서 안에 숨어 있는 정보를 파악하고 내 것으로 만드는 일이 중요하다.

그렇다면 기획서를 작성할 때 최우선으로 고려해야 할 대상은 누구일까? 물론 소비자일 수 있다. 그러나 더 중요한 대상은 그 기획서를 통해 설득해야 하는 사람이다. 결국 기획서가 생각에 그치지 않고 실행으로 이어지려면 의사결정권자의 허락이 필요하기 때문이다. 무수히 많은 사람에게 인정받는 기획서라 하더라도 정작 그 기획서를 평가하는 사람을 설득하지 못하면 좋은 기획서가 아닐 수 있다. 따라서 기획서를 쓰기 전 설득 대상에 대한 정보를 알 수 있다면 굉장한 도움이 된다.

다른 기획서들을 분석하다 보면 그 안에 설득해야 하는 대상에 대한 중요한 단서가 숨어 있음을 알 수 있다.

첫째, 설득 대상의 성향을 알 수 있다. 이는 개인적 취향이 아니라 비즈니스를 전개하고 수립할 때의 의사결정 성향을 말한다. 예를 들면 기획서에도 설득 대상을 고려한 '온도'라는 것이 있다. 폭넓은 데이터를 기반으로 논리를 전개한 차가운 기획서는 모든 일에 근거를 들어 합리적으로 사고하는 성향의 의사결정권자를 대상으로 한다. 반면에 이야기나 에피소드를 중심으로 감정을 건드리며 말랑말랑하게 풀어낸 따뜻한 기획서는 대의명분이나 공감을 중요하게 생각하는 의사결정권자가 대상이라고 추측해볼 수 있다.

둘째, 설득 대상의 관심사를 짐작해볼 수 있다. 한 장짜리 기획서가 아니라 한 해의 현안을 담은 기획서라면 대개 그 분량이 길기 마련이다. 현실적으로 의사결정권자가 기획서의 모든 내용을 집중해서 보기 어려울 수도 있다. 이런 점을 고려해서 설득 대상이 관심 있어 하는 내용을 기획서 내에 심어 놓을 때가 있다.

가령 기획서에 필요한 벤치마킹 사례에 설득 대상이 관심 있어 하는 업종이나 브랜드를 반영할 수 있다. 혹은 제안하고자 하는 전략의 제목에 설득 대상의 관심사와 연관된 용어를 차용할 수도 있다. 설득 대상이 골프를 좋아하는 사람이라면 '홀인원 전략'이라고 명명할 수도 있다.

결국 기획서에 숨겨진 정보를 발견하느냐 못 하느냐의 여부는 나 자신의 노력에서 출발한다. 내가 어떤 고민을 하고 어떤 방법으로 기획서를 바라보고 분석했느냐에 따라 기획서의 의미가 달라진다. 그러므로 기획서는 마케터에게 탐미적인 미술 작품이 아니다. 폰트나 레이아웃 등 디자인이 예쁘다는 건 수단과 요령일 뿐이다. 내용이 부실하다면 포장지에 대한 기대감에 부풀었다가 실속 없는 내용물에 더 크게 실망할 수도 있다.

마케터에게 기획서는 생존 도구다. 그 도구를 어떻게 쓰느냐는 결국 그것을 활용하는 마케터의 몫이다.

머리보다 마음을
쓰는 기획

마케팅은 머리를 잘 쓰는 것이 무엇보다 중요하다. 냉철한 이성과 논리적 사고를 통해 탄탄한 전략을 완성해야 한다. 수없이 많은 전략과 실행이 오가는 마케팅의 격전지에서는 머릿속 지략이 완벽히 서 있어야만 승리할 수 있다.

그런데 어떤 마케팅은 머리를 잘 쓰기보다 마음을 잘 써야 한다. 가슴속에 품은 따뜻한 마음에서도 마케팅은 탄생한다. 그 마음은 바로 '착한 소비자'에 대한 마케터의 희망에서 출발한다. 단순한 소비 촉진이 아니라 좋은 뜻을 담은 마케팅에 대한 소비자의 끄덕임을 기대하는 것이다. 또한 이는 마케터의 선의가 세상과 만나 사회에 긍정적으로 기여할 수 있다는 믿음이기도 하다.

주변에서 마케터들과 이야길 나누다 보면 마음으로 움직이는 마케팅이 꿈이라고들 한다. 세상에 좋은 변화를 가져다줄 수 있는 공익 마케팅을 기획하고 싶은 것이다. 그런데 공익 마케팅은 단순히 사회에 좋은 일을 한다는 목적이 전부는 아니다. 또한 '선한 뜻'만을 가져와서 제품 혹은 브랜드에 적용하는 것도 아니다. 공익 마케팅은 제품과 소비자 그리고 사회가 더불어 착한 뜻을 전하는 상생이다. 단순히 판매를 촉진하는 것이 아니라 소비자의 구매 행동이 좋은 사회를 만드는데 일조할 수 있도록 돕는 것이기도 하다.

공익 마케팅의 핵심은 소비자를 '소비 행위의 주체'가 아니라 '이 세상을 살아가는 사람'으로서 바라보는 것이다. 즉 누구나 선의를 베풀고 공동체에 기여하고픈 마음을 가지고 있다고 믿는다. 탐즈나 프라이탁 같은 제품들이 인기를 끄는 이유는 단순히 우수한 제품력 때문만은 아닐 것이다. 이 제품들을 구매하는 것만으로도 누군가를 도울 수 있다고 생각하기 때문이다.

착한 소비 행동은 한 개인의 구매로 끝나지 않고 사회에 큰 영향을 미친다. 긍정적인 소비문화를 창출하고 인류의 공존 가능성을 연다. 또한 타인의 마음에도 쉽게 전이되어 널리 퍼지는 문화 유전자 '밈'meme이 되기도 한다.

또한 소비자뿐만 아니라 공익 마케팅을 기획하는 마케터도 마찬가지다. 자신이 담당한 마케팅으로 괄목할 만한 판매 성과를 거두었다면 꽤 뿌듯한 일이다. 그러나 마케팅이라는 일을 통해 사회에 좋은 영향력을 끼칠 수 있다는 건 단순한 보람을 넘어선다. 성공적인 마케팅 사례는 마케팅이라는 범주 안에서 기억되지만 긍정적인 사회를 만들어간 마케팅 사례는 세상이 기억하기 때문이다.

따라서 공익 마케팅에 대한 지속적인 고민은 마케터에게 착한 마음을 선사하는 것을 넘어 소비자와 사회를 선하게 바라보고 싶은 신념을 주기도 한다. 그리하여 마음을 담은 마케팅은 마케터로서의 성장뿐만 아니라 사람으로서 성장하게 해주는 화수분이 된다.

진심이 사람들의 마음이 이끕니다

공익 마케팅의 선한 뜻을 모든 소비자가 알아주리라는 생각, 좋은 성과가 따를 것이라는 판단은 때로 어긋날 수 있다. 자칫하면 도리어 거대한 역풍을 맞을 수도 있다. 아무리 좋은 취지라 하더라도 의도의 진위 여부를 소비자들이 민감하게 바라보고 검증하기 때문이다. 그렇기에 공익이라는 것이 무조건 성공적인 마케팅을 여는 마스터키라고 생각해서는 안 된다. 논리적인 설득이 아닌 마음을 움직이는 일이기에 순수한 뜻이 지속되도록 섬세하게 전개해야 한다.

'진정성'은 공익 마케팅을 추진할 때 가장 많이 언급되는 단어이기도 하다. 진정성의 기준에 따라 마케팅의 성패가 갈린다고 해도 과언은 아니다. 진정성은 말 그대로 '진짜 마음'이다. 공익 마케팅이 진심으로 사회에 기여하고자 하는지 확인하는 기준이다. 물론 공익 마케팅 역시 마케팅이므로 제품의 판매를 돕는 것이 본래 의도가 아니냐고 반문할 수도 있다. 핵심은 공익을 바라보고 추구하는 관점의 차이다. 공익을 마케팅을 위한 도구로 간주하는지, 마케팅과 더불어 실현해야 할 공동의 목표로 보는지에 따라 달라지는 것이다.

또한 마케터의 입장에서 매우 진정성 있게 마케팅을 전개하더라도 소비자가 어떻게 느끼는지를 면밀히 살펴야 한다. 진정성은 소비자의 주관적 판단에 따라 달리 해석될 수 있으므로 소비자가 공익 마케팅을 바라보는 맥락의 추이를 잘 쫓아야 한다. 그뿐만 아니라 공익 마케팅은 소비자의 참여가 그 무엇보다 중요하다. 그래서 소비자의 참여 의지와 동기부여를 끌어내는 것이 핵심이 될 수 있다.

기업 혹은 브랜드가 재단을 만들거나 기금을 구축해 지원하는 것도 분명 좋은 일이다. 그러나 이는 사회 공헌의 측면에서는 중요한 의미여도 소비자에게는 그렇지 않을 수 있다. 소비자는 기업의 선행을 통보받기보단 기업과 함께 좋은 일에 동참하고 싶기 때문이다.

　공익 마케팅은 기업과 브랜드의 좋은 일에 소비자를 어떻게 참여시켜야 할지를 중요하게 생각한다. 마치 좋은 일 앞에 브랜드와 소비자가 나란히 서서 서로 바라보는 것과도 같다. 브랜드와 소비자가 함께 좋은 일을 펼쳐나가면 소비자는 그 브랜드에 동질화되기도 하고, 이런 공동의 행위가 누적되면서 끈끈한 관계가 형성되기도 한다. 이런 관계를 통해 소비자는 브랜드에 깊은 애착을 지닌 충성 고객으로 변모한다. 공익 활동을 통해 브랜드 이미지를 개선할 뿐 아니라 브랜드를 열렬히 지지하는 서포터를 보유하게 되는 것이다.

　이처럼 공익 마케팅은 일시적인 마케팅 성과를 넘어 장기적으로 '내 편'이 될 소비자를 확보하는 효과를 거둘 수 있다.

모두를 위한 캐럴을 들어 보세요

나는 마음을 담는 마케팅에 관심이 많은 편이다. 감사하게도 공익 마케팅 관련 조직을 겸했었던 경험이 그 계기였다. 사실 나는 착한 사람은 아닌 것 같은데 마케팅을 통해 착한 세상을 만들 수 있다는 게 좋았다. 소비자에게 구매를 일으키는 걸 넘어 착한 사람들의 착한 행동을 만들어간다는 건 마케터로서의 소명처럼 느껴지기도 했다.

시작은 마케터의 기획에서 출발하지만 결국 착한 움직임을 만들어내는 건 사람들의 따뜻한 실천이다. 이런 실천을 통해 완성되는 공익 캠페인은 마케팅 성과를 넘어 나와 사람들의 마음까지 착하게 물들일 거라고 믿었다.

뚜레쥬르의 '착한 캐럴 프로젝트'는 크리스마스라는 특수 시즌을 고려한 캠페인이었다. 크리스마스라고 하면 여러 가지 상징이 떠오른다. 산타와 루돌프, 트리 등 크리스마스를 상징하는 것들이 많다. 또한 구세군 등 연말의 따뜻한 마음을 전하는 시기이기도 하다.

이와 더불어 떠오르는 것이 크리스마스 케이크다. 생일이나 기념일이 아닌데도 케이크를 정말 많은 사람이 구매하고 소비하는 시기이기에 케이크 시장에서 크리스마스는 엄청난 대목이다. 이 시즌을 공략한 케이크 마케팅은 매우 치열하기 그지없다.

사실 크리스마스 케이크 마케팅에는 암묵적인 룰이 있다. 바로 좋은 판촉물을 확보해야 한다는 것이다. 크리스마스 케이크를 구매하는 고객에게 어떤 판촉물을 증정할 것인가가 초미의 관심사다. 이는 케이크와 무관하더라도 상관없다. 얼마나 신기하고 재미있는 아이템인가에 따라 케이크의 매출이 좌우되기도 한다. 케이크 자체보다 판촉물이 케이크 판매를 견인한다고 해도 과언이 아니다. 그래서 케이크 브랜드들은 저마다 독특하고 매력적인 판촉물을 확보하기 위해 치열한 경쟁을 펼친다.

새로 크리스마스 케이크 캠페인을 기획하면서 나는 판촉물이 아닌 오로지 케이크의 힘으로 자립하는 마케팅을 전개하고 싶었다. 또한 케이크가 아니라 크리스마스 케이크이므로 크리스마스의 의미에 맞게 케이크가 판매되었으면 좋겠다고 생각했다.

우선 소비자들이 크리스마스 케이크를 어떻게 생각하고 있는지 이해하고자 했다. 여기 일반 케이크와 크리스마스 케이크 두 가지가 있다. 외형적으로는 똑같은 케이크 같지만 소비자들이 각각의 케이크를 사는 심리는 사뭇 다르다. 여느 날 카페나 베이커리에서 즐기는 케이크는 기분 전환이 목적이다. 달콤한 디저트를 먹으며 담소를 나누는, 대화와 맛을 즐기고자 하는 목적이 담겨 있다. 그러나 크리스마스 케이크를 사는 목적은 다르다. 사람들은 조각 케이크가 아닌 홀 케이크를 산다. 크리스마스 분위기를 사랑하는 사람들과 즐기고 기념하기 위해서다.

이에 따라 뚜레쥬르는 캐럴을 모티브로 한 캐럴 케이크를 출시했다. 2014년 당시에는 저작권이 바로잡히면서 어디서나 쉽게 캐럴을 듣기 어려운 상황이었다. 그러나 캐럴은 크리스마스 케이크처럼 크리스마스를 상징하는 요소라고 생각해서 편곡된 크리스마스 캐럴을 무료로 배포하는 캠페인을 전개했다. 캐럴을 통해 크리스마스 분위기를 끌어올리다 보면 케이크도 잘 팔릴 것이란 생각이었다. 소비자 누구나 캐럴을 공유할 수 있도록 하고 공유하는 사람과 받는 사람에게는 뚜레쥬르 캐럴 케이크의 할인 쿠폰을 함께 제공했다.

단순히 가격 할인 쿠폰을 위한 공유를 넘어 이 캠페인의 명분은 '모두의 크리스마스'에 있었다. 누구나 크리스마스를 즐길 수 있도록 하자는 생각이었다. 그래서 캐럴을 소비자들이 공유할수록 그 수치에 비례해 케이크를 기부하기로 했다. 크리스마스 케이크를 접하기 어려운 산간 도서 지역 어린이들에게 케이크를 기부해서 크리스마스의 따뜻함을 함께 누리길 바라는 사람들의 마음을 모아보자는 취지였다. 그런 '마음'을 담아보려는 노력이 뚜레쥬르 착한 캐럴 프로젝트의 근간이 되었다.

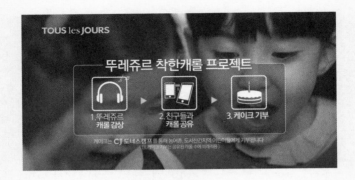

마케팅에 마음을 담는 일은 제품을 구매하는 소비자
들에게도 착한 마음을 담게 하여, 새로운 의미를 창
출하기도 한다.

• 뚜레쥬르 유튜브

마케팅에 마음을 담는 일은 마케터를 단순히 마케팅을 담당하는 역할로만 보지 않고 사회에 영향을 미칠 수 있는 존재로서 그 가능성을 확대한다. 마케팅이라는 카테고리를 시장을 넘어 세상으로 나오게 해주는 연결 고리인 셈이다. 또한 마케터 자신도 이로써 사람을 바라보는 시선과 가치관이 달라진다. 인간에 대한 존중과 선한 마음씨는 숫자로 드러나는 성과가 아니라 내적 성장을 가져온다.

공익 마케팅은 마케팅이 머리를 쓰는 일일 뿐만 아니라 마음의 매무새로 만드는 일이라는 생각을 하게 해준다. 그리고 또다시 그런 선한 마케팅을 기획하겠다는 불씨 같은 동력을 품게 해준다.

생각의 레시피에
나만의 팁 더하기

세상에는 수많은 사람만큼이나 수많은 생각이 존재한다. 더구나 요즘같이 다변화된 세상에서는 개인의 생각도 획일적이지 않고 다채롭다. 또한 예전에는 직접 만나서 소통하지 않는 이상 개인의 생각은 개인의 것으로 머물렀다.

그런데 지금은 인터넷이라는 네트워크를 통해 개인의 생각, 새로운 아이디어들이 널리 퍼지고 공유된다. 그 생각들이 모여 거대한 여론을 이루고 이것이 특정 이슈에 대한 사람들의 판단 기준이 되기도 한다. 이 순간에도 우리는 휴대폰을 통해 이 세상을 살아가는 누군가의 생각을 쉽게 접할 수 있다.

포털 사이트에 게재된 뉴스의 댓글을 보면 촌철살인과도 같은 문장을 남기는 사람들이 많다. 단순히 재미를 떠나 기발한 발상과 재치는 보는 이로 하여금 큰 공감을 불러일으킨다. 배달 앱 브랜드인 '배달의민족'에서 진행했던 신춘문예 이벤트에서도 유쾌하고 위트 넘치는 당선작들을 찾아볼 수 있다. 요즘 소비자들의 카피 실력은 전문 카피라이터도 혀를 내두를 정도다. 몇 년 전 SNS에 등장했던 'LG 대신 홍보해주기' 사례처럼 더욱 적극적으로 소비자로서 의견을 표현하기도 한다. 기업이 홍보하지 않았던 숨은 제품력을 소비자들이 직접 찾아 마케팅 아이디어를 내고 홍보에 앞장서기도 한다. 생각이 공유의 플랫폼을 만나 공감을 넘어 행동으로 이어지는 것이다.

누군가의 좋은 생각을 찾아보는 것은 마케터에게 매우 중요하다. 타인의 좋은 생각을 벤치마킹하는 것은 마케터의 태도로서 훌륭할 뿐만 아니라 아이디어의 중요한 양분이 되기도 한다.

중요한 것은 좋은 생각을 확인한 다음의 과정이다. 좋은 생각을 발견하고 이해하는 데 그친다면 다만 '받아들이는 것'일 뿐이다. 소프트웨어를 새로운 버전으로 업데이트하려면 단순히 새로운 패치를 다운받기만 해서는 소용이 없다. 다운

소비자들이 가진 재미있는 아이디어를 표현할 수 있
도록 한 배민신춘문예 대상 수상작들(2018, 2019).

• 배민신춘문예 홈페이지

받은 패치를 컴퓨터에 맞게 세팅하고 실행시켜야 비로소 새로운 버전으로 업데이트된다. 마찬가지로 아이디어도 발견하는 데 그치지 않고 자신에게 맞도록 업데이트해야 한다.

이는 생각을 모으고 모아 그대로 저장하거나 보관했다가 꺼내 쓰는 것과는 다르다. 우리의 몸은 음식을 먹으면 그 음식물을 그대로 저장해두지 않는다. 소화기관을 통해 처리 과정을 거쳐 에너지원으로 바꾼다. 그렇게 바뀐 에너지원은 열량으로 소모되기도 하고 피와 근육 등을 형성할 수 있도록 축적되기도 한다. 이처럼 좋은 생각도 내 안에서 어떻게 소화하느냐, 어떻게 변화시켜 내게 필요한 것으로 만드느냐가 중요하다. 그래야만 내 생각의 에너지가 되고 새로운 사고를 할 수 있는 생각의 근육이 될 수 있다.

보통의 레시피에 나만의 킥 더하기

문제는 생각을 내 것으로 업데이트하는 과정을 어디서 어떻게 시작해야 할지 막막하다는 데 있다. 또한 정말 좋은 생각들은 그 자체만으로 매우 완성도가 높다. 그것을 내가 다시 소화해서 더 좋은 생각으로 업데이트하는 것이 엄두가 나지 않을 수 있다.

그러나 업데이트는 말 그대로 프로그램 자체의 변화를 의미하지 않는다. 기존의 프로그램을 현재의 환경과 상황에 맞도록 최적화하는 것이다. 따라서 기존의 생각에 아주 작고 사소한 생각을 추가하기만 해도 좋다. 중요한 것은 스스로 치열하게 고민하며 체득한 생각이어야 한다는 데 있다. 이를 설명하는 적절한 예가 바로 요리 레시피다.

포털 사이트에서 음식 이름을 검색하면 수많은 레시피가 쏟아져 나온다. 필요한 재료와 요리법이 과정 사진과 함께 친절하게 설명되어 있다. '5분 안에 쉽게 만들기' 같은 간편한 요리법뿐만 아니라 '유명 맛집의 원조 레시피 따라 하기' 등 다양한 레시피가 있다. 그런 레시피들을 보다 보면 이른바 '꿀팁'을 종종 발견할 수 있다. 기존에 존재했던 레시피를 바탕으로 다른 재료를 추가하거나 조리법 순서를 바꿔 더 맛있게 만드는 방법이다. 기존 요리법에 아주 작은 변화를 줬을 뿐인데 더 맛있는 요리로 재탄생하기도 한다. 당사자가 기존의 요리법을 그대로 따라 한 게 아니라 자기 생각을 추가한 것이다.

이렇게 남들에게 쉽게 공유되는 레시피지만 이를 내 것으로 발전시키려면 독창적인 '보태기'가 필요하다. 기존의 레시피에 무작정 조리법을 추가하거나 변화를 주는 게 아니다. 레시피를 따라 하는 과정을 거치며 좀 더 나은 생각과 방법을 모색하는 것이다. 그 과정 끝에 나만의 독특한 아이디어가 떠오르고 이를 기존의 생각과 잘 버무리면 끝이다. 이런 보태기는 때로 레시피 자체를 바꾸는 결정적 요소가 되기도 한다.

한 스푼의 킥^{kick}이 요리 전체의 맛을 바꾸듯이 한 단계 나아간 생각은 온전히 나의 것이 된다. 이렇게 업그레이드된 생각은 마케팅과 만나 새로운 가능성을 발견하게 해주고 긍정적인 결과를 가져온다.

내 생각 한 스푼의 기대 효과

처음 영화 마케팅 업무를 담당하게 되었을 때만 해도 모든 것이 낯설었다. 일반 브랜드나 제품의 마케팅과는 성격이 꽤 달랐기 때문이다.

브랜드나 제품은 시장과 소비자의 징후를 파악하는 것이 중요하다. 제품 인지도나 매출 점유율, 재구매율 같은 제품 관련 지표를 통해 소비자들의 이슈를 발견하는 데 주력한다. 또 사회문화적인 트렌드 등에도 주목한다. 이런 정보를 바탕으로 실제 소비자의 움직임과 흐름을 예측하고 그중에서 가장 성공 확률이 높은 기획안을 채택하고 추진한다.

그런데 영화 마케팅은 무엇보다 마케터의 경험이 중요했다. 기존에 경험했던 영화 마케팅에 대한 배경지식을 기반으로 전략을 고민하는 경우가 많았다. 흥행한 영화들의 마케팅 방법을 벤치마킹하고 적용하거나 유사한 장르의 영화에서 화제가 되었던 마케팅 솔루션을 차용하기도 했다.

당시 나와 함께 일한 영화 마케터들은 다양한 영화 마케팅을 경험한 전문가들이었다. 실제 머릿속에 다양한 영화의 마케팅 선례를 마치 빅데이터처럼 저장해둔 듯했다. 영화 자체를 분석하는 식견도 훌륭해서 그들의 직감은 마케팅 전략 수립에 매우 중요한 바로미터가 되기도 했다.

그런데 나는 영화광도 아닐뿐더러 영화에 대한 배경지식도 부족했다. 단기간 내에 다른 마케터들의 깊이와 넓이를 따라잡기는 현실적으로 불가능해 보였다. 그래서 기존 전문가들의 좋은 생각에 내가 보탤 수 있는 아이디어를 고민했다. 소비자들에게 영화를 더 많이 알릴 수 있는 방법이 무엇일까를 단순하게 접근해보려 노력했다.

CJ E&M에서 흥행했던 애니메이션 〈보스 베이비〉의 굿즈 아이디어는 이런 작은 생각의 보태기에서 비롯되었다. 영화 홍보에 있어서 굿즈는 무형의 속성인 영화를 유형으로 바꾸어 소비자에게 실체로 다가갈 수 있는 매개가 된다. 영화의 캐릭터가 디자인된 문구류들이 대표적인 예가 될 수 있다. 이는 영화를 더욱 친근하게 하고 보고 싶게 만드는 일상 속의

'소유' 아이템이다.

생각의 시작은 단순했다. 이왕이면 예비 관객들이 '소유'하는 굿즈를 쉽게 '공유'할 수 있었으면 좋겠다는 생각이었다. 그러던 중 운전을 하다가 우연히 발견한 것이 이러한 생각을 구체화시켜 줄 수 있었다. 바로 앞 차량의 후면 유리에 붙어 있는 '아기가 타고 있어요.'^{Baby in Car}라는 안내 스티커였다. 저 스티커를 '보스 베이비' 캐릭터 이미지와 함께 '보스 베이비가 타고 있어요!'라고 바꿔보면 재미있을 것 같다는 생각이 들었다.

스티커는 영화 굿즈 아이템으로 특별하지 않지만, 스티커가 차량에 부착되면 또 다른 광고판이 될 수 있다는 작은 단초에서 출발했다. 지극히 평범한 일상 속에서 늘 존재하던 것들 속에 내 생각만 살포시 더해본 것이다. 이곳저곳을 마실 다니듯 살펴보다가 의외의 지점에서 무심코 툭 하고 더한 생각의 한 스푼이 맛있는 아이디어가 되기도 하는 것이다.

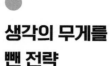

생각의 무게를
뺀 전략

마케터는 치밀한 전략을 세우기 위해 끊임없이 고민한다. 그 생각이 오랜 시간 이어지고 충분히 숙성될수록 훌륭한 전략이 나온다고 믿기 때문이다. 또 투자하는 시간에 비례해 생각의 깊이도 더 깊어질 거라고 기대한다.

그런데 반대로 생각을 내려놓는 데서 좋은 전략이 나오기도 한다. 가장 날카로운 생각의 요체가 되는 전략에 생각을 덜 하는 것 자체가 말이 안 되는 것 같다. 생각을 내려놓는데 어떻게 좋은 전략이 탄생하는 걸까? 단순히 복잡한 생각을 버리고 가볍게 생각하라는 이야기를 하려는 게 아니다. '생각을 내려놓는 것' 자체가 중요한 전략적 관점이 될 수 있음을 말하려는 것이다.

마케팅은 '뽐내기'의 향연이다. 우리 제품과 브랜드가 얼마나 좋고 우수한지를 드러내야 한다. 그러자면 소비자가 매력적으로 느낄 장점을 강하게 어필해야 한다. 문제는 소비자들이 너무나 많은 제품과 브랜드에 둘러싸여 있다는 점이다. 소비자들은 하루에도 무수한 마케팅 메시지에 끊임없이 노출된다. 하루에도 수백 개 이상의 광고들을 마주한다. 그런 소비자들의 눈길을 사로잡기 위해 마케터는 더 튀고 더 자극적인 방법을 고민한다. 하지만 제아무리 훌륭한 방법이라고 해도 소비자가 관심을 꺼버리면 그만이라는 게 문제다.

고도의 잘 설계된 생각이 담긴 마케팅을 기획했는데 소비자가 무관심한 반응을 보이면 마케터는 무력감에 빠지기도 한다. 소비자들이 반응해줄 거라고 확신했던 캠페인도 미동조차 하지 않는 소비자 앞에서 무용지물이 되는 순간을 경험하기도 한다. 이때마다 새삼스럽게 느끼는 건 소비자는 참 변화무쌍하다는 것이다.

많은 소비자가 매우 꼼꼼하게 정보를 모으고 세심하게 정보 처리 과정을 거친다. 그리고 그중 가장 최적화되고 합리적인 의사결정을 한다. 그런데 때로는 비논리적인 의사결정을 하기도 한다. 별다른 고민 없이 느낌에 따라 특정 제품을 좋아하거나 충동적으로 소비를 하는 경우도 많다. 이는 이성적 판단이 아닌 감정과 직관에 따라 구매 행동을 하는 소비자들의 대표적인 모습이다.

　그렇기에 논리와 근거로 무장한 마케팅 전술을 과감히 내려놓는 것도 필요하다. 제품 혹은 브랜드가 가진 강점을 현란하게 드러내는 것이 능사가 아닐 수 있다. 오히려 있는 그대로 꾸밈없이 담백하게 소비자에게 다가가는 것이 요령이 되기도 한다. '나 진짜 멋있는 사람이에요'가 아니라 '저는 이런 사람이에요' 같은 솔직한 속내가 더 친근감을 불러일으키는 것처럼 말이다. 생각을 내려놓는다는 건 소비자의 생각에 대응하는 게 아니라 함께 내려놓고 제품과 브랜드를 쉽게 받아들이게 만드는 또 하나의 전략이 될 수 있다.

영화를 '샘플링' 한다고요?

영화 〈범죄도시〉를 마케팅할 때였다. 영화 마케팅에서 염두에 두어야 할 것 중 하나는 영화라는 재화가 '경험재'라는 것이다. 물론 요즘은 'N차 관람'이라고 해서 영화 한 편을 여러 번 보는 경우도 있지만 보통은 한 번 관람하면 그걸로 소비는 끝이 난다.

또한 영화는 유형의 제품이나 무형의 서비스처럼 사전에 경험해볼 수가 없다. 그렇다 보니 샘플 제품을 이용하거나 베타 서비스 같은 마케팅 방법도 불가능하다. 게다가 영화의 전체 내용을 공개하면 도리어 매력이 반감된다. 그래서 스포일러를 경계하고 스토리가 공개되지 않도록 각별히 조심한다. 자연스레 감독, 배우, 장르, 스케일 등의 외적인 요소에 치중하게 된다. 결국 영화라는 재화는 포장지를 직접 풀어 내용물을 확인하기 전까지는 안에 무엇이 들었는지 모르는 제품과 같다.

특정 영화를 마케팅하기 위해서는 꽤 오래전부터 준비한다. 개봉 수개월 전부터 마케터들은 영화의 편집본을 꽤 여러 번 보게 되는데, 이때 마케팅 관점에서 영화 편집본에 대한 의견을 전달하기도 한다. 관객이나 소비자로서 흥미 있는 내용은 부각하고 다소 지루하거나 불필요하다고 생각하는 부분은 삭제를 요청하기도 한다. 제작진의 영역인 영화가 마케터라는 소비자를 통해 스스로 변화를 꾀하기도 하는 것이다. 이런 과정 끝에 나온 최종 편집본을 확인해보면 이 영화가 흥행할지에 대한 개인적인 직감이라는 걸 갖게 된다.

영화 〈범죄도시〉는 마케터들의 이런 의견들이 적절하게 반영된 영화였다. 이후 세밀하게 조정된 사전 편집본을 봤을 때는 이 영화가 흥행할 가능성이 꽤 클 것 같다는 기대감이 들었다. 그리고 이런 가능성을 바탕으로 〈범죄도시〉는 추석 시즌에 개봉을 확정했다.

추석 연휴는 사람들이 극장을 많이 찾는 성수기다. 이때 영화 배급사에서는 이른바 '텐트 폴 무비'^tent pole movie^(텐트를 받쳐주는 폴대처럼 한 해 라인업 가운데 가장 성공 확률이 높은 영화를 가리킨다)라는, 많은 관객을 동원할 수 있는 대형 작품을 주로 선보인다. 문제는 〈범죄도시〉가 경쟁작들에 비해 관객을 끄는 외형적인 요소가 다소 아쉬웠다는 점이다. 당시 화려한 캐스팅과 스타 감독을 내세운 경쟁작들이 많았고 막대한 제작비로 화려한 볼거리를 강조한 작품도 많았다. 그런데 〈범죄도시〉는 청소년관람불가의 범죄 액션이라는 장르 자체가 관객을 모으기에 제한적이고 캐스팅 파워도 상대적으로 다소 약하다는 평이 지배적이었다.

담당 마케터들은 이 영화가 재미있다는 것을 어떻게 홍보할지 다양한 방법을 고민했다. 여러 가지 방향의 마케팅 전략들이 제안되기도 했다. 치열한 회의 끝에 클라이언트가 불쑥 던진 말 한마디가 중요한 단초가 되었다.

"재미있는 영화는 홍보가 얼마나 독특한가를 떠나 일단 많이 보여줘야 하는 것 아닌가요?"

러닝타임이 두 시간 정도 되는 영화의 다양한 재미를 프로모션과 PR을 통해 알리는 건 부수적일 수 있다. 또한 영화를 팔고자 하는 입장에서 홍보는 소비자를 설득하는 데도 제한적일 수 있다. 그런데 영화를 본 관객들이 직접 검증하고 홍보한다면 양상은 달라질 수 있을 것 같았다.

결국 제품을 샘플링하듯 영화를 조기에 샘플링하는 방법을 택했다. 쉽게 말해 개봉 전 시사회를 대거 열었다. 물론 영화를 개봉하기 전 시사회는 대부분 열기 마련이다. 그러나 〈범죄도시〉는 개봉 전 시사회의 비중을 꽤 높여서 진행했고 유료 시사회도 함께 진행했다. 개봉 전에 사람들의 입소문이 충분히 회자될 수 있도록 한 것이다.

모든 마케팅이 마케터가 의도한 대로 결과가 나오지는 않지만 〈범죄도시〉는 전략을 세운 대로 결과가 나오는 짜릿함을 경험하게 해주었다. 시사회에서 영화를 본 관객들의 좋은 평가와 추천이 아직 영화를 보지 못한 관객의 관심으로 이어졌고, 개봉 주에 배정받은 영화관 수보다 2, 3주 차의 영화관 수가 더 늘어나는 기현상을 보였다.

〈범죄도시〉는 막강한 블록버스터 경쟁작들을 제치고 약 688만이라는 스코어를 기록하며 역대 청불 영화 3위라는 기록을 세웠다.

쉽고, 단순해도 괜찮아요

마케터는 어떤 제품의 특장점이 있다면 그것을 어떻게 날카롭게 소구할지 고민한다. 소비자가 제품이 필요하다고 느끼게 되는 상황을 그리면서, 그런 니즈를 어떻게 하면 극대화할지를 가장 중요하게 생각한다.

또는 제품에 대한 필요성뿐만 아니라 소비에 대한 만족 측면을 공략하기도 한다. 제품을 소비함으로써 얼마나 윤택한 생활을 할 수 있는지를 보여주거나 제품을 소비자의 감정과 일맥상통하는 것으로 연결시키는 것이다. 즉 제품에 정서를 부여하고 이 제품이 특정 소비자와 아주 잘 연결되어 있다는 심리적 공감대를 어필한다.

배스킨라빈스의 찰떡콩떡 아이스크림은 소비자에게 알려야 하는 특징이 매우 명확한 제품이었다. 흑임자, 콩가루, 떡 등 다분히 한국적인 재료들이 들어갔다는 것이 핵심이었다. 이를 통해 소비자에게 매력적으로 보일 수 있는 여러 가지 방법이 있을 수 있었다. 예를 들어 외국인들이 가장 한국적인 아이스크림을 맛보는 모습을 보여주거나, '할매 입맛'을 가진 MZ 세대에게 어필하는 등 다양한 방법이 가능했다.

그런데 실제로 소비자에게 선보인 광고는 아주 간결하고 단순한 것에서 출발했다. 제품명인 '찰.떡.콩.떡'이라는 메시

치열한 고민을 거쳐 촘촘하게 짠 전략이 성공하는
마케팅으로 직결되진 않을 수 있다. 오히려 힘을 빼
고 단순하게 접근하는 게 방법이 되기도 한다.

• 배스킨라빈스 유튜브

지를 계속 반복해서 각인시키는 것이었다. 강렬한 비트와 함께 콩가루와 쌀 등 제품에 들어간 원재료가 사방으로 튀는 모습을 함께 보여주었다. 소비자가 논리적으로 납득하게끔 설득하는 것이 아니라 자동으로 소비자의 머릿속에 흡수되어 자꾸 생각나게 하려는 의도였다.

우리는 종종 광고에 나오는 가사와 노래를 나도 모르게 따라 흥얼거릴 때가 있다. 또한 편의점이나 마트에 가서 심각한 고민 없이 무심코 어떤 제품을 반복 구매하기도 한다. 이는 복잡한 논리적 의사결정을 거치지 않고 그냥 직관에 따라 소비하는 소비자의 또 다른 모습이기도 하다.

마케팅에서도 소비자에게 제품을 구매해야 하는 이유에 대해 피력하기도 하지만 그러지 않는 경우도 꽤 많다. 어떤 설득의 근거 없이 단순하게 느끼고 행동하도록 유도하는 마케팅 전술도 꽤 늘어나고 있다.

이는 마케팅 전략을 고민하는 마케터에게도 새로운 변화를 모색하게 한다. 소비자를 꿰뚫는 통찰과 촘촘하게 설계된 전략은 늘 마케터가 고민해야 하는 숙제와도 같다. 그렇기에 결점 없는 완벽한 생각을 위해 매일 치열하게 고민해야만 한다. 이런 애착과 몰두는 마케터 자신에게 깊은 내공을 선사하기도 하지만 자칫 한 방향에만 시선을 뺏길 수도 있다. 때로는 생각의 완성도에 대한 집착을 내려놓고 조금은 쉽고 단순하게 접근해봐도 좋다.

　짜임새가 탄탄한 촌철살인의 광고 메시지보다 친근하고 정감 가는 CM송이 화제가 되는 경우를 우리는 꽤 많이 봤다. 꼬리를 무는 생각의 'OFF'가 좋은 아이디어를 'ON'하는 계기가 될 수도 있다. 팽팽하게 당겨진 생각의 끈을 조금 느슨하게 풀어야만 매듭을 지을 수 있는 것처럼 말이다.

낯선 연결이 만드는
시너지

좋은 아이디어의 출발은 몰입에서 비롯된다. 몰입은 남들이 생각해보지 못한 생각의 심연으로 들어가는 일이다. 얼마나 시간을 들여 고민했느냐에 따라 생각의 깊이가 달라진다.

"아이디어 멋진데!"의 다른 말은 "나는 저런 생각 못 해봤는데."이다. 그래서 남들이 생각하지 않았던 것을 생각해내는 것을 창의력으로 간주하기도 한다. 마치 아무도 발견하지 못한 미지의 영역을 찾아내기 위해 더 깊은 곳에 들어가려는 것과 같다. 마케팅 업계에서는 아이디어를 땅을 파는 것에 비유해 "아이디어를 깊게 파본다."고 말하기도 한다.

생각이라는 속성은 온전히 나의 머릿속 세계 안에서 작용하고 변화한다. 그러다 특정 생각에 사로잡히면 그 생각은 계속 머릿속을 맴돌게 된다. 특히 그 생각이 꽤 괜찮다고 여겨지면 더욱 붙들게 된다. 그런데 생각은 하나의 지점 같아서 그 지점을 오래 바라보다 보면 주위를 바라보는 시야가 좁아지기도 한다. 마치 경주마가 이탈하지 않고 결승선에 골인하도록 눈가리개를 씌운 것과 같다.

스스로 만들어놓은 생각의 세계가 탄탄할수록 빠져나오기는 쉽지 않다. 어느새 생각의 소용돌이 속을 맴돌며 허우적대고 있는 자신을 발견하기도 한다.

우리가 간과하고 있는 것 하나가 아이디어는 깊이에서도 나오지만 넓이에서도 나올 수 있다는 것이다. 때론 전혀 예상치 못한 엉뚱한 곳에서 아이디어 모티브가 시작되기도 한다. 아무 상관이 없을 것 같은 영역에서 아이디어가 튀어나오거나 서로 관련이 없다고 여겨지는 이질적인 것들이 상호 연결되기도 한다. 즉 만날 수 없는 것들을 만나게 해주는 것만으로도 놀라운 아이디어가 될 수 있다. 소개팅을 주선하는 것처럼 각자 다른 유형의 것들을 가져와 한자리에 마주하게 하는 것이다. 이런 '생각과 생각의 마주하기'는 그 중재만으로도 훌륭한 아이디어의 불씨가 될 수 있다.

결국 이런 관점에서 보면 새로운 아이디어는 무에서 유를 창조하는 것이기도 하지만 기존의 것들을 섞어 새롭게 만들어내기도 하고, 기존에 있었던 생각을 새로운 생각과 결합해서 발전시키는 것이기도 하다.

세상에 있는 무수하고도 다양한 존재를 어떻게 연결시키는지가 중요한 시대가 되고 있다. 전혀 다른 이종의 것들을 결합하는 것만으로도 신선한 시너지를 만들어낼 수도 있다. 이는 나도 모르게 그어놓은 생각의 한계를 뛰어넘는 새로운 모멘텀이 되기도 한다.

사딸라가 여기서 왜 나와?

버거킹의 '올데이킹 프로모션'은 버거킹에서 선보인 가격 플랫폼 전략의 일환으로서 가성비를 추구하는 타겟 고객에게 버거킹을 경험하도록 유도하는 고객 유입 전략의 일환이었다. 경쟁 프랜차이즈에 비해 프리미엄하게 여겨지는 버거킹의 제품을 4,900원에 만날 수 있다는 건 소비자에게 꽤 매력적이었다. 다만 경쟁 프랜차이즈 브랜드들이 이미 많은 가격 프로모션 정책을 선보이고 있었기 때문에 무수한 마케팅 메시지들 속에서 올데이킹 프로모션을 어떻게 알리고 성공적으로 안착시킬지가 관건이었다.

이런 과제를 해결하기 위해 탄생한 것이 바로 '사딸라 캠페인'이었다. 고백하건대 처음 제작을 담당하는 유관 부서를 통해 아이디어를 접했을 때는 다양한 생각이 들었다. 굉장히 재미있는 아이디어였고, 광고로 제작되어 노출된다면 생각 이상의 소비자 반향이 있을 거란 기대감이 있었다. 다만 버거킹의 브랜드 측면에서 프리미엄 이미지를 유지했으면 좋겠다는 미련이 있었다. 다시 말해 광고적 재미는 훌륭하지만 자칫 브랜드에 어떤 영향을 미칠지 조심스러운 마음이 들었다.

또한 4달러가 정확히 4,900원이 아니기에 소비자 오인지가 있지 않을까 하는 지나치게 이성적인 생각도 했었다. 그러나 클라이언트와 제작팀을 비롯한 수많은 동료의 소신과 확신이 있었기에 이런 기우는 노파심에 그칠 수 있었다.

이 캠페인의 아이디어는 창조라기보다는 영민한 차용에 가깝다고도 볼 수 있을 것 같다. 드라마 〈야인시대〉에서 시작되어 온라인상에서 화제가 된 사딸라 영상은 일종의 '밈'으로까지 발전했다. 이 영상을 버거킹 광고에 가져와 재탄생시킨 것이다. 게다가 가격 할인을 혜택을 강조하는 천편일률적인 방법이 아닌 '사딸라'라고 하는 하나의 유행어이자 행동 양식을 통해 드러냈다.

이는 단순히 재미만을 가져온 게 아니다. 우리가 주목해

소비자들의 관심사에 제품과 브랜드를 담으려는 노
력이 늘어나고 있다. 소비자가 보고 듣고 싶은 것과
마케팅을 연결해보려는 시도가 중요하다.

• 버거킹 유튜브

야 할 점은 이 광고가 소비자와 눈높이를 맞춰 교감하려는 브랜드의 손 내밀기였다는 것이다. 소비자를 통해 촉발된 인기 영상을 활용해서 광고로 만든다는 건 소비자가 관심 있는 것에 브랜드가 함께 주목하겠다는 표현이기도 하다. 즉 사딸라 영상을 광고에 재현하면서 소비자의 관심까지도 함께 가져왔다는 의미이기도 하다.

지금까지는 광고가 생산자의 주장을 여실히 담는 데 주력했다. 즉 제품이나 브랜드가 하고 싶은 이야기를 어떻게 전달할 것인가를 고민했다. 그런데 이제는 소비자가 무엇을 보고 듣고 싶어 하는지를 본다. 그들의 관심사와 제품 또는 브랜드를 어떻게 연결할 수 있는지를 고민하고, 광고에서 이야기할 거리를 소비자가 관심 있어 하는 소재에서 가져오기도 한다.

따라서 내 머릿속에 있는 생각의 세계도 중요하지만 소비자라는 드넓은 세계를 여행하는 것도 중요하다. 아직도 드러나지 않은 미지의 존재들이 우리가 발견해주기를 기다리고 있을 수도 있다. 그것을 찾아 세상과 만나게 해주는 것만으로도 새로운 아이디어의 지평을 열 수 있다.

아이디어는 어디서든 나올 수 있다. 내가 생각하지도 못한 의외의 지점에서 툭 하고 튀어나오기도 한다. 그렇기에 머릿속에 암암리에 그려놓았던 생각의 울타리를 과감히 거둘 필요가 있다. 또한 전혀 무관할 것만 같은 이곳저곳을 살펴보는 것만으로도, 아이디어가 무궁무진하게 터져 나오는 만남의 장에 들어설 수 있다.

중요한 점은 세상의 다양한 것들이 나로 인해 서로 만날 수 있다는 것이다. 이 세상에 만나지 못할 것들은 없으므로 생각의 만남을 주선하길 주저하지 않았으면 좋겠다. 나는 단지 서로를 소개할 뿐이지만 그 만남의 시너지는 내 생각을 뛰어넘는 놀라운 결과를 만들어낼 수도 있기 때문이다.

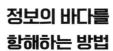

정보의 바다를
항해하는 방법

바야흐로 열린 정보의 시대다. 정보가 도처에 널려 있다고 해도 과언은 아니다. 정보를 손가락 하나로 찾을 수 있고 멀리 있는 사람과 주고받을 수도 있다. 손안에 디바이스와 노트북만 있다면 조금 전만 해도 몰랐던 사실을 지금 있는 자리에서 간편하게 알 수 있다. 어디 그뿐이랴. 정보를 확인하는 데까지의 시차마저 사라졌다. 제품 관련 데이터뿐만 아니라 소비자의 구매 경험 데이터들이 실시간 집계되고 이를 확인할 수도 있다.

이른바 '빅데이터'라는 이름으로 알려진 이런 거대 정보를 마케팅에 활용하려는 다양한 시도들이 생겨나고 있다. 방대한 물량을 자랑하는 이런 데이터를 어떻게 이해하고 활용할지 마케터의 고민이 커지고 있는 시점이다.

마케터가 정보를 취급할 때 가장 중요한 것은 무엇일까? 좋은 정보를 찾는 능력? 정보를 가공하는 능력? 정보에 대한 깊은 이해도? 사실 모든 덕목이 중요할 수 있다. 그러나 가장 중요한 것은 정보를 종합하는 능력이다. 나는 이것을 '종합력'이라고 부르고 싶다. 종합력이라는 말이 흔히 쓰이는 단어가 아니라서 다소 생소할지도 모르겠다. 내가 생각하는 종합력이란 마케팅에 잘 적용될 수 있도록 도처에 산재된 정보와 소스, 인프라를 유기적으로 융합하는 것을 말한다. 하지만 이런 정의만으로는 정보를 잘 종합한다는 게 무슨 의미일지 잘 이해되지 않을 수 있다.

정보는 정보 그 자체로서도 의미는 있다. 그러나 마케팅에서 정보가 가치로 인정받으려면 결국 마케팅에 도움이 되는 정보여야 한다. 특정 정보가 마케팅과 만나 어떤 효과나 새로운 가능성을 창출할 때 정보로서 의미가 있는 것이다.

이는 단순히 마케팅과 관련된 정보만을 뜻하는 건 아니다. 새로운 산업과 기술도 마케팅과 결합해 더 진일보한 마케팅을 창출할 수도 있다. 중요한 점은 마케팅에 필요한 정보를 잘 찾고 가져와 적절히 융합하는 것이다. 이것이 바로 종합력의 핵심이다.

예를 들어 '로봇 기술'에 대한 정보는 마케팅과 무관할 수 있다. 그러나 이 정보가 사람과 마주하지 않으려는 행동을 일컫는 '언택트'untact라는 소비자 경향과 결합하면 양상은 달라진다. 고도화된 로봇 기술은 결국 소비자와의 대면 서비스를 대체하는, 로봇이 제공하는 무인 서비스로의 변화를 의미한다. 단일한 정보로 존재하는 것이 아니라 정보가 다른 정보와 융합되어 새로운 마케팅 변화를 예측하고 전망하는 것이다. 따라서 산재해 있는 정보 중 마케팅에 의미 있는 정보를 끌어들여 유의미한 마케팅 변화를 만들어내는 것이 중요하다.

정보는 '테이스팅'이다

마케터가 세상의 무수한 정보를 전부 파악할 순 없다. 다만 어떤 것이 마케팅에 도움이 되는 정보인지를 알고 이를 핵심적으로 추출해야 한다. 그럴 때 필요한 것이 바로 정보의 '테이스팅'이다.

사실 마케터가 모든 영역의 정보에 해박할 필요는 없다. 예를 들면 요즘 마케팅에서 중요하게 다뤄야 한다고 여겨지는 인공지능 기술의 알고리즘이나 원천 기술 자체를 알아야 하는 건 아니다. 그러나 인공지능 기술이 마케팅에 영향을 미칠 수 있는 정보는 알아야 한다. 또한 이를 통해 소비자에게 어떤 변화가 일어날지 예상해야 한다. 이렇게 모든 정보가 아니라 마케팅에 관련된 핵심 정보만 파악하는 것을 '테이스팅'이라고 부른다.

와인을 예로 들면, 어떤 와인을 알기 위해 한 병을 전부 마셔야 하는 건 아니다. 또한 포도가 어느 지역 품종인지, 어떤 숙성 과정을 거쳤는지, 라벨에 어떤 역사가 숨겨져 있는지를 모두 알아야 하는 것도 아니다. 이 와인이 어떤 맛을 가지고 있는지 한두 모금 테이스팅하는 것만으로도 충분히 경험했다고 볼 수 있다. 그리고 이렇게 맛을 경험할 수 있을 뿐만 아니라 어떤 음식과 어울릴지도 유추해볼 수 있다. 즉 내가 받아들인 정보의 수준을 스스로 지각하고 이해하는 것이 정보 테이스팅의 출발이다.

여기서 중요한 점은 테이스팅은 남이 아니라 내가 인지하는 것이라는 점이다. 이 와인이 어떤 맛을 내고 있는지 느끼는 건 나 자신이다. 남들이 느낀 걸 마치 내가 느낀 것처럼 흉내 낼 수는 없다. 테이스팅은 내가 직접 경험하고 느끼는 작업이기 때문이다. 이처럼 어떤 정보를 찾아 마주하게 되었을 때, 단순히 있는 그대로 받아들이기보다 나만의 것으로 이해하고 체득하는 것이 중요하다. 그 시작은 바로 정보를 마케팅에 맞게 재정의하는 데 있다.

그 재정의를 쉽게 해서 정보를 잘 기억하게 하는 것이 바로 사례를 통한 재정의다. 이는 어렵고 복잡한 정보에 대한 정의를 직관적으로 풀이하는 방법이다. 예를 들어 와인을 마시고 맛을 표현할 때 산도의 수준이나 쓴맛의 강도를 수치화해서 이야기하는 게 아니라 싱그러운 청포도 과실의 신맛이나 나무통에서 숙성될 때 느껴지는 매캐한 나무 향 등 사람들이 그 맛을 직관적으로 상상할 수 있는 메타포로 표현하는 것이다. 이런 표현은 이해를 도울 뿐만 아니라 공감대를 형성한다. 어려운 정보의 개념도 이렇게 쉽게 연상될 수 있는 특정 이미지를 통해 이해하면 수월하다.

가령 CSV와 CSR이라는 정보의 개념을 습득한다고 할 때 사실 CSV와 CSR이 어떤 내용을 요약한 약자인지 힘들게 외울 필요는 없다. 이 단어들은 보통 약자로 통용되기 때문이다. 중요한 건 이 두 개념이 기업의 사회 공헌 활동에서 파생된 개념이며 뜻에 차이가 있다는 것이다. 따라서 어떻게 의미가 다른지 구체적인 이미지를 통해 재정의해두면 개념을 이해하고 기억하기가 쉬워진다.

예를 들면 CSR은 정유회사에서 봉사 활동의 일환으로 김치를 담가 쪽방촌에 전달하는 것이라고 할 수 있다. 그리고 CSV는 진공청소기 회사에서 바다의 플라스틱 쓰레기를 수거한 후 재활용해서 진공청소기를 만드는 것으로 볼 수 있다. 제품을 판매한 수익 중 일부는 다시 바다를 청소하는 비용으로 기부한다.

이렇게 이미지화한 두 가지 사례를 통해 두 개념의 명확한 차이를 구별할 수 있다. CSR은 기업의 사회적인 선행이다. 그것이 기업의 특성이나 그 기업의 충성 고객과 연관되지 않아도 무방하다. 그러나 CSV는 연계와 순환이 중요하다. 기업 차원의 선행만이 아닌 소비자가 그 뜻에 동참하는 순환 구조를 이룬다. 중요한 것은 업의 가치와 연결된다는 것이다. 진공청소기의 핵심은 깨끗하게 만드는 데 있다. 진공청소기를 만들 때 이미 바다의 쓰레기를 수거해 깨끗하게 만든다는 업의 본질적 의미를 담고 있는 것이다.

이처럼 어려운 정보를 마주했을 때 포기하거나 좌절하기보다 해당 정보를 나에게 맞게 가공 처리하는 것도 중요하다. 이런 처리는 고도의 기술을 필요로 하지 않는다. 내가 이해하고 기억할 수 있도록 쉽고 간명하게 만들면 된다. 다만 그 정보 처리는 타인이 대신 해줄 수 없다. 내가 직접 정보를 확인하고 스스로 재정의하는 과정 끝에 탄생한다.

그렇게 나만의 정보들이 차곡차곡 쌓이다 보면 어느새 나를 위한 맞춤형 빅데이터가 만들어진다. 마케팅에 적용하고 새로운 기회를 창출할 수 있는 보고가 생기는 것이다.

내 세상 밖의 이방인을 만나라

우리는 이종 결합의 시대에 살고 있다. 기술자가 마케터가 되고, 의사가 스타트업을 창업하기도 한다. 다양한 종횡의 크로스오버가 펼쳐지는 세상이다. 세상이 다변화되면서 과거에는 고유하다고 여겨졌던 전문적인 영역이 허물어지고 산업 간의 넘나들기도 가능해졌다. 이런 상황에서 마케터 역시 '마케팅 세상' 안에만 머물러 있을 순 없다. 마케팅이라는 성안에 머물며 얻는 정보는 결국 마케팅 업계에서 돌고 도는 정보일 뿐이다. 마케팅 세상 밖의 다양한 정보에도 눈을 돌려야 하는 시대가 된 것이다.

그러나 마케팅 세상 밖으로 나오더라도 답답하기는 마찬가지다. 막상 새로운 정보, 새로운 변화, 새로운 기술을 접하면 쉽게 엄두가 나지 않는다. 전혀 알지도 못하는 분야를 처음부터 배워야 하는 막막함 때문만은 아니다. 새로 배우려면 도대체 어디서부터 시작해야 하는지조차 모를 수 있다. 낯설다 못해 생경한 정보 앞에서 무엇을, 어떻게, 왜 배워야 하는지 가이드마저 없기 때문이다. 더구나 마케팅을 전공을 이수한 사람이라면 더욱 난감할 수밖에 없다. 이른바 '문과 마인드'로 살아온 사람이 이공계의 개념을 마주해 마치 외국어를 들은 듯 낯설어하는 것과도 같다.

사실 다른 나라의 언어를 이해하고 배울 때 가장 빠른 방법이 있다. 바로 그 언어를 쓰는 사람을 만나 대화하는 것이다. 마찬가지로 마케팅 이외의 생소한 것들을 가장 빠르게 배우려면 다양한 영역의 사람들을 만나야 한다. 도처에 산재한 정보를 글로 이해하는 것보다 그 분야에 해박한 사람에게 직접 설명을 듣는 게 수월하다. 내 배경지식 수준에 맞게 얘기를 들을 수도 있고 모르는 것을 바로 물어볼 수도 있다. 아무리 읽어도 아리송한 사용설명서보단 실제로 사용하는 것을 시연해주면 훨씬 이해하기 쉬운 것과 같은 이치다.

마케팅 업무를 오래 하다 보면 이 분야와 관련된 사람들을 많이 만나게 된다. 그리고 그들과 교류하는 것은 꽤 즐거운 일이다. 마케팅이라는 공통된 관심사가 있다 보니 이야기도 잘 통하고 공감하기도 쉽다. 반면에 마케팅과 관련이 없는 사람들을 만나는 건 다소 낯설다. 관심사와 업무 범위가 다르기에 이해조차 어려울 수 있다.

그러나 이방인을 만나는 데 주저하지 말아야 한다. 자동차 연구원이든, 핵물리학자든 상관없다. 마케팅과 무관해 보였던 것들도 사실은 큰 도움이 될 수 있다. 새로운 기술을 통한 소비자 변화를 예측할 수도 있고 외부에서 바라보는 마케팅의 새로운 관점을 공유받을 수도 있다.

최근 유수의 기업에서 많이 활용되는 '해커톤'이란 것이 있다. 이는 해킹과 마라톤의 합성어로, 기획자부터 디자이너와 개발자까지 다양한 사람들이 모여 제한된 시간 내에 새로운 아이디어와 결과물을 산출하는 대회다. 어쩌면 한 번도 만나지 못했을 사람들이 이곳에서 만나 새로운 아이디어를 내고 활발한 의견을 주고받는다.

마케터에게는 매일의 만남이 해커톤이 될 수 있다. 마케팅의 국경을 넘어 새로운 세계를 여행하며 정보의 견문을 넓혀야 하기 때문이다. 그렇기에 이방인들과 적극적으로 소통하며 내 안에 펼쳐지는 시너지를 마음껏 경험하면 좋을 것 같다. 이런 경험이 간단한 검색으로 얻어지는 정보 그 이상의 잠재력을 가졌음을 기대하면서 말이다.

실행력,
아이디어가 실현되는 위대한 힘

좋은 기획은 좋은 결과를 가져온다. 분명 틀린 말은 아니다. 성공적인 성과는 좋은 기획이 선행되어야 한다. 그런데 기획은 일련의 과정을 통해 구체화된다. 꽤 오랜 과정을 거쳐야만 비로소 실현되기도 한다. 이 과정의 다른 말은 '실행'이다. 기획은 실행을 만나야 비로소 머릿속에서 밖으로 나온다. 실행되지 않은 기획은 그저 머릿속의 생각에 머무를 뿐이다. 결국 혼자 한 생각의 단상으로 남게 된다.

기획과 실행에 대한 적절한 예는 나무가 자라는 메커니즘에서 찾아볼 수 있다. 좋은 씨앗은 나무의 생장을 돕고 풍성한 열매를 가져다준다. 그런데 좋은 씨앗이 좋은 나무가 되는데 꽤 많은 변수가 있다. 그야말로 자라는 환경이 중요하다. 아무리 좋은 씨앗이라도 적당한 햇빛과 물, 질 좋은 토양이 없다면 좋은 나무가 되기 어렵다. 아마도 이미 눈치챘겠지만, 여기서 씨앗은 기획이다. 그리고 씨앗이 자라는 환경은 실행이다.

기획이라는 단어에는 무수한 가능성이 존재한다. 중요한 점은 어디까지나 '가능성'이라는 것이다. 그 가능성을 진짜 가능으로 바꿔주는 것이 바로 '실행력'이다. 실행력에는 무수한 사전적 정의가 있다. 마케터의 입장에서 정의는 단출하다. 바로 기획이 '되게끔' 하는 것이다. 기획 이후 좋은 캠페인이 되기까지는 많은 시행착오가 따른다. 그 과정을 거쳐 애초에 구상했던, 기획이 지닌 본질적 힘을 유지하도록 하는 것이 실행력의 핵심이다.

말장난 같지만 기획을 기획하는 것만큼 실행을 실행하는 것도 중요하다. 실행을 염두에 두지 않은 기획은 위태롭다. 현실적인 제약 상황을 마주했을 때 쉽게 부스러진다. 하늘을 날아다니던 훌륭한 아이디어도 현실의 지면에 발을 딛는 순간 주저앉고 만다. 그렇기에 아이디어에 구체성과 현실성을 주면서 일관적이고 지속적인 힘을 부여하는 것이 중요하다.

위대한 캠페인과 광고들은 좋은 아이디어를 잘 구현했기에 좋은 평가를 받는 것이다.

심지어 아주 단순한 아이디어가 실행력을 만나 멋진 캠페인으로 탄생하기도 한다. 누구나 생각해볼 수 있는 아이디어지만 실행하기엔 엄두가 나지 않는 것도 있다. 그런데 우리가 한 가지 간과한 것이 있다. 실행 역시 기획일 수 있다. 실행에도 전략적 관점이 필요하다. 실행을 고려한 영리한 아이디어는 실행의 성과를 높이는 결정적 계기가 된다.

아이디어를 '하드캐리'하는 실행력

국민이 뽑은 좋은 광고상을 받은 '삼성화재 안심 버스벨 캠페인' 역시 아이디어의 출발은 단순했다. 당시 임산부였던 내 여동생의 경험으로부터 시작되었다. 동생은 내게 몸이 무거워진 임산부는 버스에서 내릴 때 두려움을 느낄 수 있다고 말해주었다. 하차하려는 사람들이 빚어내는 혼잡함과 버스의 급정차가 이유였다. 임산부와 같은 교통 약자에게 배려의 행동을 해줄 순 없을까? 단순히 '임산부를 배려합시다!' 같은 교조적인 광고가 아니라 실질적인 솔루션으로서 기능할 수 있는 아이디어가 있으면 좋겠다고 생각했다.

때마침 2016년 당시에는 대중교통을 중심으로 임산부석

지정이 확대되는 추세였다. 나는 임산부석에 뭔가 단서가 있을 것만 같다는 생각이 들었다. 여러 번 버스에 올라 임산부석을 몇 번이고 바라봤고, 그 위에 부착된 하차 벨을 봤다. 임산부석 위에도 하차 벨은 부착되어 있었다. 임산부석에 앉은 임산부는 내릴 때 저 하차 벨을 누를 것이다. 그러면 저 하차 벨에서 특별한 신호가 나온다면 어떨까? 버스 기사님이 임산부가 내린다는 걸 알면 조금 더 배려해서 정차할 수 있지 않을까?

솔직히 말해서 누구나 생각해볼 수 있는 아이디어였다. 그런데 왜 여태껏 비슷한 캠페인이 없었을까? 문제는 버스가 공공재라는 데 있었다. 가장 캠페인을 실행하기 어려운 것이 공공재를 활용하는 아이디어다. 공공재는 수많은 사람이 이용한다. 그것도 소비자가 아니라 이해관계가 가지각색인 시민들이 그 대상이다.

게다가 사회 기반 시설이다 보니 수많은 기관과 협의를 해야 하고 복잡한 절차를 거쳐야 한다. 그리고 기획자가 하차 벨 제작 시스템과 신호 체계 등 어려운 기계 관련 내용을 알 리 없다. 버스 이용객이었던 나도 선뜻 용기가 나지 않았다.

이 아이디어가 실행되려면 절대적으로 중요한 것이 버스 회사의 참여도였다. 실제 솔루션이 일어나는 공간이 버스이고 하차 벨 제작과 운전기사에게 전달되어야 하는 신호 체계에 대한 팁을 줄 수 있는 곳도 버스 회사다. 그러나 내 주변에는 버스 회사에 다니는 사돈의 팔촌의 팔촌도 없었다. 하물며 버스 회사의 대표를 알 리는 더더욱 없었다. 그렇다면 버스 안에 비치된 고객의 엽서를 써볼까? 아니면 내가 자주 이용하는 버스 기사님에게 살짝 부탁해볼까? 별의별 생각이 머릿속을 스쳐 지나갔다.

이렇게 '맨땅에 헤딩', '안 되면 되게 하라' 식으로 시작해야 하는 걸까? 사실 무작정 여기저기 뛰어다니는 실행 정신은 지양하고 싶었다. 요즘 같은 시대에는 그저 발로 뛰는 것만이 능사는 아니다. 실행도 기획처럼 매우 전략적으로 고민해야 했다. 가장 효율적으로 진행 가능성을 높일 수 있는 길을 찾아야 했다.

번거로운 일 자체를 지양하는 버스 회사는 아무리 설득해도 안 될 것 같았다. 가능성이 있어 보이는 곳을 집요하게 공략하는 게 중요했다. 그 지름길의 핵심은 '선례'였다. 무엇이든 새로운 시도를 경험해본 버스 회사라면 어떤 제안에도 일단은 열려 있을 거라는 생각이었다.

마침 내가 자주 타던 버스에 주목했다. 인터넷에서 검색해보니 타요 버스, 와이파이 버스 등 다양한 시도를 많이 해

삼성화재의 따뜻한 마음이
예비맘을 위한 임산부 안심 버스벨이 되었습니다

아무리 좋은 생각도 결국 실행되어야 의미가 있다.
실행력은 머릿속 아이디어를 세상과 만나게 해주는
중요한 역할을 한다.

• 제일기획 페이스북

본 버스 회사가 운영하고 있었다. 버스에 새로운 것들을 접목하는 걸 보면 신규 제안에도 꽤 열려 있을 것 같았다. 떨리는 마음으로 회사 대표님에게 연락해 미팅을 할 수 있는 기회를 어렵사리 얻었다.

버스 회사 대표님과의 미팅 날, 어떻게 이 아이디어를 설득할지 잠시 고민이 되었다.

'이 아이디어가 얼마나 창의적인지 설명해야 할까? 아니야. 버스 회사 대표라면 이 아이디어를 꼭 해야 하는 이유를 가장 먼저 듣고 싶겠지. 늘 의미 있는 시도를 해왔던 버스 회사로서 또 다른 좋은 시도를 이어가야 한다는 당위성을 짚어주는 편이 낫겠어.'

나는 버스 회사 대표님에게 교통 약자를 배려한다는 공익적 취지에 대해 충분히 설명했다. 그리고 훨씬 더 많은 정보를 얻을 수 있었다. 아이디어로만 머물던 구상들이 대표님의 현실적 조언을 통해 구체화되었다. 그렇게 임산부를 위해 새롭게 디자인된 하차 벨이 151번 버스에 설치되기 시작했다.

실행은 마음과 마음의 릴레이

좋은 아이디어만 있다면 모두가 좋아질 거라는 생각은 오산이다. 아무리 좋은 아이디어도 실행하는 과정에서 누군가의 노력과 품이 들어가기 마련이다. 안심 버스벨 캠페인도 마찬가지였다. 임산부가 안심하고 내릴 수 있게, 임산부가 누른 벨 신호를 보고 배려 정차를 해주는 건 버스 기사님들이다. 아무리 좋은 뜻이라고 해도 운전하면서 여러 가지를 신경 써야 하는 기사님들 입장에선 귀찮을 수 있다. 이 캠페인의 핵심은 배려 정차의 실천이므로 기사님들에게 이해를 구하는 것이 먼저여야 했다.

작정하고 우이동에 있는 차고지를 찾아갔다. 버스 기사님들이 모여 있는 사무실을 방문했다. 손에는 고작 음료수 몇 박스뿐이었지만 한 분 한 분에게 이 캠페인의 좋은 취지를 알렸다. 그리고 교대 근무를 하는 버스 기사님들의 시간을 고려해서 이후 몇 차례 더 찾아갔다. 따님이나 손녀분이 임산부라는 기사님들도 있었고 다른 기사님들에게 함께 잘해보자고 독려하는 기사님도 있었다. 그렇게 모두의 힘으로 버스 안심벨 캠페인이 탄생했다.

기획은 혼자서도 할 수 있다. 그러나 실행은 여럿이 할 수밖에 없다. 내가 모르는 영역의 변수들이 툭툭 튀어나온다. 물론 독학하면서 해결할 수도 있지만 그건 굉장히 비효율적이다. 결국 누군가의 도움을 받아야 한다. 때로는 아이디어의 단단함을 주장하는 것보다 마음을 움직이는 것이 중요하다.

실행은 사람이 한다. 실행을 이뤄내는 건 사람들의 마음이다. 그 집약된 마음의 힘이 진정한 실행력이 된다.

그러니 세상에 그 어떤 캠페인도 혼자서 해냈다고 말할 수 없다. 비록 아이디어는 나로부터 출발했어도 온전히 나만의 아이디어가 아니다. 함께해준 모든 사람의 아이디어다. 결국 사람과 사람의 릴레이가 좋은 캠페인을 만든다. 나는 좋은 캠페인으로 향하는 첫 주자였을 뿐 클라이언트와 버스 회사 대표님, 버스 기사님들까지 모두가 가치 있는 릴레이를 펼쳤다. 그 따뜻한 마음들이 모여 더 좋은 세상에 가까워지고자 하는 희망을 엿볼 수 있었다.

팔지 마세요,
순간에 침투하세요

마케터는 어떻게 하면 우리 제품 혹은 서비스를 매력적으로 인식시키고 구매 의도를 높일 수 있을지가 늘 고민이다. 단순히 무언가를 필요하게 만드는 걸 넘어 욕망을 형성시키고 꼭 구매하게 만드는 이유를 제시하기 위해 혈안이 되어 있다. 특히 요즘처럼 비슷한 제품과 유사한 서비스가 넘치는 시장에서는 어떻게 마케팅하는지가 소비자의 선택을 받는 결정적 근거가 된다. 바야흐로 제품력보다 마케팅 기획력을 키우는 것이 중요한 때가 되어가고 있다.

그런데 코로나 이후 무엇을 팔기 위해 촉진하는 마케팅의 전통적 관점이 사라지고 있다. 제품이나 서비스의 특장점을 어필하고 소비자에게 구매 욕구를 자극하는 일련의 프로세스가 달라지고 있다. 코로나로 발생한 제약을 기술이 뒷받침하면서 기존의 소비 관습의 지형이 변화하고 있는 것이다.

온라인 비대면 거래와 언택트 마케팅 등이 활성화되면서 소비자의 동선은 압축되고, 구매를 위한 시공간이 모두 붕괴되었다고 해도 과언이 아니다. 제품의 기능은 좀 떨어지더라도 배송이 빨라 오늘 받아볼 수 있다는 매력이 우선하는가 하면, 맛이 좀 덜하더라도 만들어 먹기 편리하다는 이유로 소비자의 선택을 받기도 한다. 또한 내구성이 떨어지더라도 나 혼자 쓰기 적당하다거나 디자인이 별로라도 막 쓰기 좋다는 등 단순히 제품의 물성적 장점으로만 설명할 수 없는 다양한 소비의 메커니즘이 나타나고 있다.

이제 제품의 가치는 제품 자체에서만 발생하지 않는다. 제품을 사는 데 드는 시간과 노력, 제품을 받을 때까지 기다리는 심리적 비용, 제품을 소비하는 데 필요한 물리적 과정 그리고 조립과 설치 같은 뒤처리와 A/S까지, 모든 여정이 결합되어 가치가 매겨진다. 여기서 소비자는 단순히 제품을 구매하는 사람이 아니라 제품을 둘러싼 총체적 경험을 하는 사람이다.

또한 생산자 중심에서 소비자 중심으로 마케팅의 패권이 넘어간 듯하다. 직접 방문하고 물어보고 발품을 팔아야 했던 소비 행태는 추억 속으로 사라져가고 있다. 손가락 한 번 움직이는 것만으로도 가격 비교부터 사용 후기, 부가적 혜택까지 소비를 위한 모든 것이 가능한 시대다. 게다가 정보만 제공하는 게 아니라 내가 원하는 가격부터 기능까지 입력하면 최적의 제품 대안이 큐레이션되어 나오기도 한다.

따라서 제품을 아무리 잘 만들어도 소비자가 체감하는 가치는 하락할 수도 있다. 정성을 다해 공들여 만든 제품이 소비자가 기다려줄 수 없다거나, 견고하게 만든 제품이라 하더라도 금세 질려버릴 수 있다. 이는 제품의 품질, 제품 자체를 돋보이게 하기보다 소비자가 제품을 사는 순간에 어떤 것이 가장 절실한지, 어떤 가치를 추구하는지를 파악하는 것이 마케터의 과제임을 시사한다. 소비자가 우리 제품에 대해 심리적 욕망이 가장 높아지는 때를 공략해야 한다. 이제 마케터는 파는 걸 촉진하는 사람이 아니라 소비자의 순간을 침투하고 기습하는 데 능한 사람이 되어야 한다.

발칙한 싸움에 참견하기

배스킨라빈스의 '민초단' 캠페인은 소비자가 욕망을 갖는 순간에 침투하고, 소비자로부터 마케팅에 대한 이야깃거리를 만들어내는 기습 작전과도 같았다. 오래전부터 민트초콜릿은 사람들의 호불호가 명확히 갈리는 맛이었다. 초콜릿의 달콤함과 민트의 상쾌함이 잘 어우러진다는 그룹과 달콤한 초콜릿에 치약 맛은 별로라는 그룹이 팽팽하게 맞서고 있었다. 특정 맛을 가운데 두고 맛있다, 맛있지 않다는 두 취향이 대립하고 있었던 것이다.

배스킨라빈스에서는 기존 '민트초콜릿' 아이스크림을 업그레이드한 '민트초코봉봉'이라는 제품을 선보이려고 했다. 사실 마케팅을 기획하는 입장에서는 이렇게 호불호가 갈리는 맛을 어떻게 홍보해야 할지 망설이게 된다. 좋음과 싫음이 명확한 이 제품의 특성을 어떻게 갈음해야 할지 고민할 수밖에 없다.

그런데 가만 보면 민트초콜릿을 먹는 사람들에게 민트초콜릿은 하나의 상징이다. 단순히 '나는 민트초콜릿을 먹는다'가 아니라 '나는 누가 뭐래도 민트초콜릿을 먹는다'인 것이다. 이는 자신의 취향을 당당히 선언하는 것이며 다른 취향과 과감히 선을 긋는 행위다. 민트초콜릿을 좋아하는 사람으로서의 자부심과 취향에 대한 당당한 자기주장이 담긴 소비인 것이다.

요즘 제품은 소비의 대상을 넘어 취향을 표출하는
기제가 되고 있다. 때문에 소비자들의 이야기 한복
판에 침투하는 마케팅이 각광받고 있다.

• 배스킨라빈스 유튜브

배스킨라빈스는 바로 이런 소비자의 심리를 침투한 메시지를 제시했다. "민트초콜릿은 맛있어. 달콤하고 상쾌하거든."이 아니라 "너 민초단이지?"라는 질문으로 소비자의 정체성을 단도직입적으로 끄집어낸 것이다. 이는 민트초콜릿을 좋아하는 사람들을 결집해 취향을 존중해줄 것을 부르짖게 했다. 자랑스러운 민초단으로서 민트초콜릿을 좋아한다는 걸 선언하고 구매하는 행동 기제를 심어두려 한 것이다.

또한 공교롭게도 코로나로 초래된 환경적 제약은 민초단이 뭉치는 데 일조했다. 코로나 이전에는 하나의 문화와 이슈에 대한 태도, 행동 양식에 따라 다양한 모임들이 생성되었고 그 모임을 통해 개인적 의견을 표출했다. 그러나 코로나 이후 모임이 어려워지면서 민초라는 집단적 취향은 단순히 맛을 넘어 하나의 코드가 되었다. 온라인상에서 민초단으로 결집된 사람들은 심지어 '가슴이 웅장해지는' 희열까지도 맛봤다고 했다.

이처럼 단순히 제품력이 아니라 소비자들의 심리적 기제를 빠르게 간파하고 순간을 기습해 소비자들을 움직이는 것이 요즘 시대의 마케팅이 되었다. 또한 소비자들도 제품을 소비하는 수동적인 소비자가 아니라 제품을 통해 자신의 목소리를 개진하는 능동적인 소비자가 주류로 떠오르고 있다.

제품을 홍보하고 소비자의 여론을 살펴보는 소극적인 접근보다는 소비자의 여론 속에 기습적으로 뛰어드는 적극적 태도가 필요하다. 소비자들이 모인 한복판에서 먼저 여론을 창출하는 선제적이고도 영리한 접근이 요구되는 시대다.

애증의 공모전에도
지름길은 있다

예비 마케터들에게 공모전은 마케팅 역량을 검증받는 무대다. 주요 기업에서는 마케팅 공모전의 수상 경력을 마케팅 인재를 뽑는 중요한 척도로 생각하기도 한다. 때문에 마케터를 꿈꾸는 수많은 학생이 참여한 공모전의 열기는 상상을 불허한다.

학생들은 공모전 과제에 충실히 응시하는 것을 넘어 수상 가능성을 높이기 위해 다양한 방법을 모색한다. 역할에 따라 전략적으로 공모전을 수행할 팀원을 조직하기도 하고, 공모전 수상 경력이 있는 선배에게 첨삭을 받기도 한다. 점점 공모전이 마케터가 되기 위한 필수 스펙이 되어가면서 공모전 응시와 수상에 대한 관심도 뜨거워지고 있다.

하지만 공모전의 수상자는 한정되어 있고 응시자들은 많다 보니 경쟁이 극심하다. 공모전 수상은 마치 복권의 당첨과도 같이 여겨지고 수상자들은 선망의 대상이 된다. 수상자들은 인기가 높아져 수많은 팀에서 그들을 데려가려고 혈안이 된다. 게다가 광고 및 마케팅 동아리에서는 아예 공모전을 준비하는 프로그램을 운영하기도 한다. 심지어 공모전에 대비해 과외까지 성행한다고 하니 공모전 수상에 대한 예비 마케터들의 갈증은 애타는 목마름 그 이상이다.

그래서일까, 예비 마케터들에게 '공모전에서 수상하는 방법'에 대한 질문을 종종 받곤 한다. 공모전에 꽤 여러 번 응시했고 스스로 괜찮은 기획서라 생각했는데도 자꾸 낙선한다는 것이다. 게다가 주변에서 공모전에 수상했다는 얘기를 들으면 조바심이 난다고 한다. 자신의 마케팅 역량이 원래부터 부족한 건 아닌지 자책까지 한다고 했다.

사실 나도 공모전을 수상하는 특급 비법이 있다면 바로 알려주고 싶다. 그러나 공모전 수상에 왕도는 없다. 꾸준히 공모전을 경험하고 그 속에서 스스로 깨닫는 바가 있어야 한다. 나 역시 공모전 수상을 간절히 바란 적이 있었다. 대부분

쓰디쓴 실패를 맛봤지만 운이 좋게도 좋은 팀원 친구들을 만나 공모전을 진행하며 차근차근 배워나갈 수 있었다. 또 훌륭한 선배들이 시간을 내서 의미 있는 의견을 주기도 했다. 그 결과 감사하게도 몇 개의 공모전에서 수상했다.

특급 비법이나 엄청난 비결이 있었던 건 아니었다. 다만 오랫동안 경험이 누적되면서 일종의 기준이 생긴 것 같다. 그렇게 경험을 통해 알게 된, 공모전을 바라보는 관점 및 작은 팁 정도는 공유할 수 있을 것 같아 소개하고자 한다.

공모전도 빌드업과 매칭이 필요하다

유수의 대기업 혹은 명망 있는 브랜드의 공모전은 그 규모와 수상 혜택도 크다. 또한 스펙으로 인정해줄 수 있는 인지도와 인턴 등의 특전이 있다. 그렇기에 예비 마케터들은 메이저 공모전이라면 반드시 응시한다.

그러나 내 경험에 따르면 어떤 공모전을 선택하는지도 중요하다. 경험이 충분하지 않은 상태에서 메이저 공모전에 응시하는 것에 대해 깊이 고민해볼 필요가 있다. 이미 인기 있는 공모전에는 경험이 충분하고 노하우가 있는 친구들이 지원한다. 과연 그들과 경쟁할 수 있는지, 자신이 만반의 준비가 되어 있는지 곰곰이 생각해봐야 한다.

공모전을 아카이빙한 사이트에 가면 상당히 많은 공모전이 올라와 있다. 살펴보면 지역 특산물의 제품 네이밍이나 정책 혹은 행사 슬로건 등도 올라와 있는데, 이런 공모전들은 사람들의 관심이 상대적으로 덜하다. 하지만 나는 이런 공모전부터 도전해보라고 추천하고 싶다. 왜냐하면 기획서 전체를 쓰는 것보다 네이밍, 슬로건 등의 아이디어를 내는 공모전을 통해 자신이 무엇을 잘하는지 진단해보고 분석할 수 있기 때문이다.

내 무기가 무엇인지도 모르는 상태에서 규모와 혜택만 보고 공모전이란 전투에 참여할 순 없다. 작은 공모전부터 하나씩 응시하면서 과정과 결과물을 통해 스스로 실마리를 찾는 것이 중요하다.

또한 공모전과 나와의 적합도도 중요하다. 공모전에도 궁합이라는 것이 존재한다. 자신의 성향에 따라 특정 공모전에 유리한 교두보를 확보할 수도 있다. 평소 자동차에 관심이 많았다면 자동차 기업이나 자동차 브랜드 공모전에 지원하는 것도 방법이다. 이는 단순한 관심이 아니라 이미 자동차에 대한 사전 정보를 가지고 있는 경우를 전제로 한다. 배경지식뿐만 아니라 자동차 마케팅에 대한 견해가 있다면 기획서의 초안을 작성하거나 아이디어를 내기도 수월하다. 이처럼 본인의 관심사와 성향에 따라 응시할 공모전을 전략적으로 선택하는 것도 중요하다.

작은 공모전부터 빌드업하거나 자신과 잘 매칭되는 공모전을 찾는 것은 일종의 방법일 뿐이다. 결국 공모전은 단기적 접근보다는 장기적 차원에서 고민해야 한다. 긴 호흡이 필요한 트레이닝이라는 관점을 가져야 한다. 당장은 수상하지 못하더라도 낙담하지 말고 실패 노트를 작성하거나 왜 수상하지 못했는지 분석하며 스스로 추가 학습을 해야 한다. 또한 공모전을 준비하는 과정에서 함께 준비한 팀원의 아이디어나 기획서의 흐름을 배우고 벤치마킹하는 것도 좋다.

결국 공모전에 기계적으로 응시하기보다는 그 과정에서 무엇을 느끼고 배웠는지가 중요하다. 그 깨달음을 다음 공모전에 적용하면서 점점 더 성장해나가는 자신을 발견하는 것이 핵심이다. 마치 공모전이라는 아케이드 게임을 한 단계, 한 단계 레벨 업하는 것과 같다. 수상에 대한 부담은 내려놓고 자신에게 의미 있는 경험을 마음껏 즐겼으면 좋겠다.

무한한 삽질보다는 영리한 지름길

자신이 어떤 공모전에 잘 맞고 잘할 수 있는지 성향과 적합성을 파악했다면 이제는 공모전이라는 대상을 파악할 차례다.

공모전 역시 지피지기의 싸움이다. 나를 알았다면 공모전에 대해서도 제대로 아는 것이 중요하다. 이는 공모전의 과제만이 아니라 공모전 자체의 성격을 분석하는 것을 뜻한다. 과제를 고민하기도 바쁜 시간에 공모전의 성격을 파악하라는 말이 다소 의아하게 들릴지도 모르겠다. 그러나 잘 생각해보면 공모전은 어떤 시스템이나 기계에 투입해서 우와 열을 자동적으로 뽑아내는 게 아니다. 누군가의 심사를 통해 가려지는 일이다. 즉 그 누군가의 생각을 움직이는 설득이 핵심이 된다.

설득 대상을 파악하려면 그 사람이 어떤 기준으로 평가하는지를 파악해야 한다. 그리고 그 기준에 맞춰 기획서를 쓰는 것이 유리하다. 다행스럽게도 우리는 오픈소스의 시대에 살고 있다. 공모전 수상작들이 주요 기업 홈페이지나 공모전 사이트에 떡하니 올라와 있다. 회원 가입만 하면 누구나 쉽게 수상작을 열람할 수 있다. 이 역대 수상작들을 들여다보면 유사한 경향을 발견할 수도 있고 수상 기준에 부합하는 공통된 기준을 찾을 수도 있다. 내가 도전하는 공모전의 정체성을 명확히 알고 그 기준에 따라 도전하는 것이 지름길이다.

또한 수상작들을 통해 과제의 히스토리를 알 수 있다. 수년 전에 업로드된 수상작들을 살펴보면 한 기업 혹은 브랜드가 시장의 변화에 따라 어떤 고민을 했는지가 과제를 통해 드

공모전 수상작을 살펴보는 건 공모전 경험을 쌓는
첫걸음이 된다. 수상작들 속에서 새로운 아이디어의
힌트를 얻을 수 있다.

- 제일기획 아이디어 페스티벌

러난다. 채택된 수상작들을 통해 어떤 마케팅 현안을 중요시했는지도 알 수 있다. 이런 흐름은 이번 과제를 해석하는 데 중요한 바로미터가 된다. 과제를 단편적이고 단기적으로 바라보는 것이 아니라 기업 혹은 브랜드의 추이를 바탕으로 고민할 수 있기 때문이다. 이를 통해 좀 더 거시적 관점에서 과제를 분석해서 차별적인 기획서를 도출할 수도 있다.

'안 되면 될 때까지'라는 마음으로 공모전에 꾸준히 도전하는 마음은 당연히 칭찬받을 만하다. 그러나 지속적인 도전에 앞서 공모전을 대비해 치밀한 전략을 마련해야 한다. 설령 수상에 실패하더라도 자책하거나 위안하는 마음은 빨리 털어버리고 객관적인 시각의 시사점을 찾는 것이 중요하다. 계속되는 삽질보다 내가 잘 쓰는 삽과 잘 팔 수 있는 땅을 찾는 게 먼저다. 이미 예비 마케터로서 꿈꾸고 도전하는 당신은 절대로 부족하지 않다. 다만 잘할 수 있는 공모전을 만나지 못했을 뿐이다. 나와 찰떡궁합인 공모전을 찾아 마음껏 뛰놀기를 바란다.

3

PART

행동으로 움직이는
생활의 힘

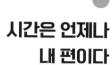

시간은 언제나
내 편이다

2011년에 개봉했던 〈인타임〉이라는 영화가 있다. 미래 사회를 그린 영화로, 소재와 상황 설정이 매우 참신했는데 시간을 화폐처럼 사용한다는 설정이었다. 사람들의 팔목에는 그들이 살 수 있는 잔여 시간이 표시되어 있다. 모든 재화나 서비스는 시간으로 거래한다. 한 잔의 커피도 시간으로 지불한다. 그래서 시간이 많은 부자는 오래 살고 시간이 적은 가난한 사람은 일찍 죽는다. 시간이 부의 척도가 되는 상황을 가정한 영화다.

모두에게 시간은 공평하다

그러나 참 다행스럽게도 우리가 사는 이 세계의 시간은 만인 앞에 평등하다. 모두가 똑같이 하루에 24시간을 부여받는다. 남녀노소뿐만 아니라 소득 수준에도 관계없이 동일한 시간을 갖는다. 다만 그 시간을 어떻게 쓰느냐에 따라 우리는 금수저가 될 수도, 흙수저가 될 수도 있다.

우리가 언제 죽을지는 알 수 없다. 평균수명을 80세라고 보면 약 70만 시간을 산다고 할 수 있다. 물리적으로 무척 많은 시간처럼 느껴진다. 가치는 얼마나 한정되어 있고 귀한 것이냐에 따라 다르게 느껴지기에 70만 시간은 꽤 풍족한 것만 같다. 그래서 우리는 시간을 마치 공기처럼 느끼며 지금은 좀 낭비해도 아깝지 않다고 생각한다. 엄밀히 말해 시간을 그냥 흘려보냈다고 해서 내게 직접적인 손해가 있는 것도 아니다.

그런데 시간은 독특한 성질이 있다. 바로 저장되지 않는다는 것이다. 내가 쓰고 싶지 않다고 해도 시간은 계속 소비되며 흘러간다. 또한 다시 돌아오지도 않는다. 지금 내게 주어진 서른두 살의 5월 3일 오후 두 시는 두 번 다시 오지 않는다. 인생에서 딱 한 번뿐인 시간이다.

시간은 원인과 결과를 만들어내기도 한다. 내가 과거의 특정 시간에 무엇을 했느냐가 미래의 내 시간에 영향을 미친다. 시간의 흐름을 통해 인과관계가 생기는 것이다. 과거의 어떤 시간은 현재와 미래의 시간에 결정적인 영향을 미치기도 한다.

나는 평범한 가정환경 속에서 자랐다. 부유하지도 가난하지도 않은 평범함 그 자체였다. 그런데 부모님은 내가 하고 싶은 게 있으면 아낌없이 지원해주었다. 그 지원은 돈이 아니라 시간이었다. 내가 하고 싶은 일이 있을 때 스스로 시간을 온전히 쓸 수 있게 해주었다. 그리고 꿈이 있다면 그것을 이루기 위해 다소 시간이 걸리더라도 재촉하지 않고 기다려주었다. 부모님은 내가 쓰는 시간의 가치를 믿어주었고 내가 스스로 성장할 수 있도록 지켜봐주었다. 그래서 나는 평소 시간에 대해 특별한 마음을 가지고 있고 소중한 시간을 알뜰히 잘 쓰기 위해 노력하는 편이다.

시간에도 밀도가 있다

나는 시간에도 밀도가 있다고 생각한다. 밀도란 빽빽하게 들어선 정도를 뜻한다. 즉 시간이라는 부피에 무엇을 촘촘하게 메우느냐가 바로 시간의 밀도다. 아주 쉽게 말하면 주어진 시간 동안 얼마나 알차고 농밀하게 생활했느냐는 의미다. 사람마다 주어진 시간은 동일하지만 밀도는 다를 수 있다. 이런 상대성이 시간의 가치를 달라지게 한다. 같은 한 시간이라 하더라도 무엇을 하며 어떻게 썼느냐에 따라 시간은 전혀 다른 형태와 모습으로 우리에게 다가올 수 있다.

사람마다 시간을 대하는 자세와 시간을 보내는 방법은 각자 다르다. 시간을 활용하는 다양성 때문에 사람 사이에도 시차가 발생하는 것 같다. 원래 시차란 지구가 공전하면서 만들어낸 시간 차이로 다른 지역 간에 발생한다. 그러나 내가 말하고 싶은 시차는 같은 공간에 있더라도 느껴지는 시간의 간격이다. 즉 내 옆에서 아주 가까운 사람과도 발생할 수 있다. 단 1분의 시간을 어떻게 썼느냐에 따라 앞서가기도 하고 뒤처지기도 하기 때문이다. 똑같이 주어진 시간인데 누군가는 훌륭하고 멋진 아이디어를 내고 세상을 움직이는 멋진 생각을 한다.

시간에 대한 남다른 습관은 단지 마케터라는 역할을 떠나 한 사람으로서도 필요한 일이다. 시간을 통해 업무뿐만 아니라 삶 전체의 방향이 달라질 수도 있기 때문이다. 단순히 매사에 최선을 다하자는 얘기를 하려는 건 아니다. 또한 근면 성실한 자세로 아침에 일찍 일어나고 자는 시간을 아껴가며 바쁘게 살자는 것도 아니다. 다만 주어진 시간을 좀 더 밀도 있게 사는 방법에 관해 이야기하고 싶다.

나는 여전히 하루라는 시간 속에서 좀 더 가치 있게 일상을 보내고 싶다. 이런 나와 비슷한 사람들이 고민하고 생각해봤을 법한 소소한 습관을 이야기하고자 한다.

멀티태스킹을 이기는 몰입의 시간

개인적으로, 시간을 밀도 있게 쓰기 위한 핵심은 '몰입'에 있다고 생각한다. 몰입은 뭔가에 완전히 빠져 있는 상태를 일컫는다. 예를 들면 공부할 때 벼락치기를 하는 것도 몰입이라 할 수 있다. 신기하게도 벼락치기를 하는 순간에는 고도의 집중력이 발휘된다. 평소의 학습량을 뛰어넘기도 하고 시험 날짜에 가까워질수록 학습 속도가 엄청나게 빨라진다. 원래 이렇게 집중력이 좋았는지 스스로 감탄하기도 한다. 그리고 진작 공부를 시작하지 못한 것을 후회하기도 한다.

우리는 이미 체감하고 있다. 시간을 어떻게 보내느냐는 결국 우리의 의지에 달려 있다는 것을. 사람이 결정적 위기에서 평소에 내지 못하는 초인적 힘을 내는 것처럼 말이다. 시간을 밀도 있게 쓰는 시작은 스스로 마음먹기에서 출발한다.

몰입은 시간 속에서 무엇에 강력하게 각인되어 온전히 학습하는 힘이다. 이런 몰입을 다른 말로 하면 '순간 집중력'일 수 있다. 그 순간에 깊이 빠져들수록 시간을 아낌없이 쓰게 된다. 누가 나를 불러도 모를 정도로 깊이 빠졌을 때 시간이 빨리 흐르는 것처럼 느껴진다. 물론 사람이기에 모든 일에 시간을 세부적으로 쪼개서 몰입하기는 어렵다. 다만 일상의 우선순위를 바탕으로 상황과 업무에 따라 몰입을 제대로 가동하는 것이 중요하다.

이를 위해서는 몰입에 빠르게 진입하는 속도가 중요하다. 사람에게는 관성, 즉 어떤 특정한 상태를 유지하려는 경향이 있다. 한번 집중하기 시작하면 쭉 추진력을 받아 지속하기 쉽지만 집중의 단계에 이르는 시작이 어렵다. 따라서 몰입에 빠르게 접어들 수 있는 일종의 일상 훈련이 필요하다. 같은 범주에 속한 일들이라면 먼저 관심 있는 것부터 해나가는 등 나만의 요령을 찾는 것도 방법이 된다.

한편 사람은 늘 몰입과 같은 각성 상태를 유지할 수 없다. 몰입만큼 중요한 것이 이완이다. 몰입하기 위해 스스로 이완 단계를 거치고 다시 몰입하는 반복 습관을 체득해야 한다.

오늘날 우리는 멀티태스킹의 시대에 살고 있다. 여러 가지를 동시에 병행하는 것을 능력으로 간주하기도 한다. 어찌 보면 몰입은 멀티태스킹과 어울리지 않는 것 같다. 나 역시 멀티태스킹을 선호하지 않는다. 잘하지도 못하지만 오히려 시간을 효율적으로 쓰기 어렵다는 생각이 든다. 사람의 집중력은 한 지점에 모일 때 더 온전해진다. 아무리 멀티태스킹을 잘한다고 해도 여러 지점을 향하는 집중은 분산될 수밖에 없다. 그래서 나는 여러 가지 일을 한꺼번에 하기보다 하나하나의 일을 집중해서 연쇄적으로 처리하는 편이다.

이런 몰입의 습관은 업무를 넘어 일상으로 확대될 수도 있다. 우리는 빠른 것이 미덕인 시대에 살고 있다. 친구와 문자를 주고받고 전화를 받으며 TV를 보기도 한다. 여러 행동을 동시에 하는 게 지금 시대의 생존법이라고 느껴질 때도 있다. 그러나 과연 이것이 시간을 온전히 잘 쓰는 방법일까?

일상 속의 몰입은 삶에 다양한 깊이를 부여한다. 전시회에서 한 작품에 흠뻑 심취한다거나 음악 하나를 몇 번씩 다시 듣는 것처럼 말이다. 이는 전시회를 대강 훑어보거나 다른 일을 하면서 음악을 들었을 때와 다른 질적인 깊이를 선사한다. 몰입은 단순히 지식을 쌓고 감성을 키우는 것뿐 아니라 내 안에 있는 다양한 생각과 감정을 온전히 느끼는 데 그 본질이 있다.

내가 '타겟팅'
되지 않으려면

마케팅에서 '타겟팅'targeting은 너무나 중요한 요소다. 마케팅 하려는 제품을 사줄 사람이 정확히 누구인지를 파악하는 일이기 때문이다. 커피를 마시지 못하는 사람에게 아무리 커피 광고를 한다고 해도 커피가 팔리지는 않는다. 자동차를 보유하지 않은 사람에게 주유소 프로모션을 해봐야 그 사람이 주유소를 찾지는 않을 것이다.

타겟팅은 제품이나 서비스를 요긴하게 소비할 수 있는 이가 누구인지, 그 기능을 절실히 필요로 하는 사람이 누구인지를 발굴해가는 과정이다. 즉 제품을 구매해줄 확률이 높은 사람을 영리하게 콕콕 짚어 찾아내는 스마트 프로세스라고도 할 수 있다.

디지털 시대에서는 소비자들이 모바일 디바이스 세계 안에서 이동했던 동선들이 모두 추적된다. 소비자들이 무엇에 관심이 있었고 무엇을 무심코 지나갔으며 무엇에 반응했는지를 알 수 있다. 이런 데이터를 통해 타겟을 세분화하고 해당 타겟이 관심을 가질 만한 광고를 노출한다. 이런 타겟팅 광고는 광고의 효율성뿐만 아니라 적확한 타겟에게 유의미한 반응을 불러일으키는 효과적인 마케팅 방법이다.

나를 규정하는 알고리즘에서 벗어나세요

마케터 역시 소비자이다 보니 나 역시 어떤 타겟으로서 '프로파일링'될 수 있다. 가령 내가 어떤 브랜드에 관심이 있거나 최근에 어떤 맛집 정보를 찾아봤다거나 어디에 거주하느냐에 따라 맞춤형 광고들이 노출되는 것이다. 나라는 사람의 관심사와 라이프스타일은 이미 디지털 시스템 안에서 분류되어, 내가 혹할 만한 정보들을 보여주는 것으로 귀결된다. 참으로 편리한 이 알고리즘은 나의 취향을 저격하며 내게 딱 맞춘 세계로 나를 이끈다. 모바일 안에서 내가 좋아할 법한 것만 보여주니 편리하기 그지없다.

이렇게 늘 타겟을 염두에 두고 마케팅 기획을 하는 마케터도 누군가에게 타겟이 되어 분류된다는 사실은 아이러니하다. 사실 마케터들도 잘 알고 있다. 오늘 휴대폰 안의 피드에 등장하는 광고들은 전부 내가 검색했거나 방문한 특정 페이지와 관련이 있다는 사실을 말이다. 그렇지만 '너를 이미 잘 알고 있거든'이라고 속삭이는 콘텐츠에 속수무책일 수밖에 없다. 너무나도 편리하고 즉시적인 맞춤 광고가 우리의 일상에 편안하고 자연스럽게 다가오기 때문이다.

물론 내가 좋아하는 것들을 좀 더 깊이 알게 되는 건 중요하다. 때론 이를 통해 전문성을 기를 수도 있고, 남들보다 더 깊은 정보와 지식을 구축할 수도 있다. 다만 이런 현상이 지속되다 보면 마케터는 자신의 취향 안에 갇히게 된다. 내가 관심 있는 영역에 선을 그려놓고 그 작은 공간 안에서만 움직는 것이다. 결국 더 넓은 세상으로 나아갈 수 있는 시야를 갖지 못하고 편협한 생각에 사로잡힐 수 있다. 나 자신을 타겟팅된 대상으로 규정하고 일반화하는 것이다.

'돌출 행동'을 마음껏 발휘하세요

스스로 타겟팅과 규정의 대상이 되지 않으려면 어떻게 해야 할까? 내가 관심이 있는 것들에만 매몰되지 않고 다른 이슈나 주제를 들여다볼 수 있다면 바로 해결된다. 그러나 우리는 인간이다. 우리가 좋아하지도, 눈길도 주지 않는 걸 의식적으로 찾고 탐색하는 건 여간해서는 쉽지 않다. 내가 취약하거나 잘 모르는 영역을 억지로 공부하는 방법도 있다. 그러나 우리는 이미 성장 과정에서 경험했다. 공부가 얼마나 고역이며 하기 싫은지를 말이다.

자연스럽게 내 영역을 확장하는 방법은 '즉흥성'에 답이 있다. 우리는 종종 이런 경험을 할 때가 있다. 출퇴근할 때 늘 오가던 길인데 어느 날 다른 길로 가고 싶다거나, 평생 먹지 않았던 음식을 갑자기 점심으로 도전해보고 싶은 경우다. 이런 난데없는 충동을 우리는 늘 억압하려고만 해왔다. 그러나 법과 윤리에서 벗어나지 않는 일상에서의 일탈은 내가 가지 않은 새로운 길을 안내한다. 이는 단순히 해방감을 누리게 해주는 감정적 사건이 아니라 그동안 반복되는 루틴 속에 살았던 자신에게 또 다른 세계를 보여주는 연결 통로가 된다.

바로 이런 즉흥성이 등장하는 순간을 거부하지 않고 행동으로 옮기는 것을 '돌출 행동'이라 부르고 싶다. 내 안에서 갑작스레 떠오른 즉흥성을 발견하고 즉시 행동으로 옮겨보는 것이다. 평소에 가지도 않았던 미술관을 가고 싶다면 가면 된다. 미술에 문외한이라서, 어느 전시회가 좋은지 몰라서 같은 핑계는 과감히 내려두어도 좋다. 돌발적인 마음은 찰나와 같아서 가고 싶다는 마음이 금세 연기처럼 사그라지지 않도록 즉시 행동하는 것이 중요하다.

별로 듣지 않았던 음악, 평소에는 거들떠보지 않았던 책, 잘 먹지 않았을 음식 등 전에는 시도하지 않았던 다양한 것이 이 세상에 수없이 존재한다. 똑같은 일상에 나를 가둬놓고 소중한 하루를 반복되는 공식처럼 보내는 게 아니라 다양한 변수를 온몸으로 느끼며 접해보지 않았던 것들을 과감히 경험해보는 것이 필요하다. 이로써 일상의 반경, 그 언저리에 머물고 있던 생각이 확장 패치를 통해 업그레이드되고, 안온한 울타리에서 벗어나 열린 생각의 바다로 나아갈 수 있다.

타겟팅은 마케터가 '해야 하는' 것이지, '누려야 하는' 것이 아니다. 나를 규정하려는 알고리즘으로부터 타겟팅을 당하지 않도록 끊임없이 변칙적으로 움직여야 한다. 변수는 늘 똑같은 일상의 반복이 아니라 순간 찾아오는 즉흥적인 감각을 잃지 않고 행동을 할 때 발생한다. 나를 잘 안다며 찾아오는 편리함과 아늑함에 과감히 반기를 들고, 내가 만든 일상의 프레임을 멋지게 탈주할 때 콜럼버스가 발견한 신대륙이 당신의 눈앞에 펼쳐질 것이다.

편리보다
깊이를 위한 효율

코로나 시대의 비대면 시스템은 무척 효율적이다. 원격 통신 기술과 프로그램으로 누구나 얼굴을 보며 일하거나 대화할 수 있다. 그렇기에 회의나 토론 등 대면이 필요하다고 여겼던 것들도 이제는 모두 줌이나 웹엑스 등 다양한 비대면 플랫폼으로 가능해졌다. 아마도 많은 사람이 이렇게 생각할 것이다. '와, 진짜 사람을 만나지 않아도 모든 걸 다 할 수 있구나!' 무엇이든 기술로 가능하다는 효율성을 체감하는 시대다.

사실 비대면 회의뿐만 아니라 픽업, 배달, 배송 등 비대면 산업도 엄청나게 증가했다. 아침에 주문하면 그날 저녁에 주문한 상품들이 도착하고, 20분 남짓이면 먹고 싶은 음식이 식탁에 놓인다. 어디 그뿐이랴. 일부러 옷을 판매하는 매장에 가지 않아도, 등록해놓은 신체 사이즈에 맞는 옷들과 취향에 맞춘 스타일이 큐레이션되어 배송되기도 한다.

코로나 때문에 불편할 것만 같았던 일상이 기술을 만나 더욱 편리해지고 있다. 귀찮았던 일들이 뚝딱 해결되는 모습을 두 눈으로 확인하면서 우리는 자연스럽게 효율을 추구하게 되었다. 직접 매장을 방문하거나 발품을 팔아 제품을 고르는 게 아니라 간단히 휴대폰을 통해 검색하고 제품을 배송받는 게 더 효율적이라고 생각하는 것이다. 이제 효율은 소비의 가장 중요한 덕목이자 가치로 여겨지고 있다.

소비뿐만 아니라 마케터의 업무 환경에도 효율과 관련된 변화들이 생겨나고 있다. 면대면 회의나 집단 문서 작성이 어렵다 보니 생산성 앱들이 등장했다. 공동의 온라인 작업 공간에서 여러 사람이 하나의 문서를 계속 업데이트하는 것이 가능해진 것이다. 누군가 작성한 것을 내가 수정하고 이를 또 다른 사람이 수정한다. 이런 수정 이력이 기재되면서 굳이 회의를 하지 않아도 기획서를 완성할 수 있다.

시간뿐만 아니라 투여되는 노동력과 자원까지 획기적으로 줄여주는 이 효율성은 어찌 보면 업무 환경에서 아주 필요

업무 생산성을 높여주는 프로그램들이 많아지고 있다. 또한 실시간 협업을 가능하게 하는 다양한 기능도 추가되고 있다.

• 노션 홈페이지(www.notion.so/ko-kr/product)

한 것 같다. 이제는 장시간 회의를 한다거나 굳이 비즈니스 파트너를 만나러 가는 것이 비효율적으로 느껴질 수도 있다.

그러나 마케터에게 효율성은 하나의 수단일 뿐 목적이 되어서는 안 된다고 생각한다. 물론 효율적인 업무 처리는 업무 능력을 배가시키고 여러 가지 자원을 절약할 수 있다. 그러나 아이디어는 단순히 '1+1=2'라는 공식을 따르지 않는다. 효율성을 높이기 위해 클라우드에서 릴레이 방식으로 아이디어를 업데이트하거나 다수의 아이디어를 물리적으로 결합한다고 좋은 아이디어가 나오는 건 아니다.

때론 장시간의 치열한 회의 끝에 누군가 무심코 던진 한 마디에서 아이디어가 탄생한다. 누군가의 생각이 또 다른 누군가에게 좋은 아이디어를 떠올리게 하는 결정적인 계기가 되기도 한다. 또한 격렬한 아이디어 논쟁 속에서 제3의 대안 같은 아이디어가 탄생하기도 한다. 아이디어는 퍼즐을 맞추듯 조각조각을 모으는 것이 아니라 전혀 다른 차원으로 완성되는 화학적 결합인 것이다.

효율의 반대는 비효율이 아니라 역효율

타인과 함께할 때 효율성 자체가 목적이 되면 안 되는 것처럼 나 자신의 일상에도 효율은 방법으로서만 적용해야 한다. 물론 효율성 있게 일하는 게 미덕인 시대다. 시간 자원은 한정되어 있으므로 시간 안에 빠르게, 어느 정도 적당한 수준의 퀄리티로 처리하는 것이 기준이 되었다. 그렇다 보니 많은 사람이 깊이 고민하는 것보다 업무를 적확하게 수행하는 것이 중요하다고 생각하기도 한다. 게다가 일의 총량은 정해져 있으므로 멋진 워라밸을 위해 고효율의 '빠름빠름'을 추구해야 한다고 여긴다.

게다가 효율적으로 일하는 사람은 주변 사람들에게도 일 잘한다고 인정받고 부러움을 산다. 군이 회의를 요청하지 않아도, 번거로운 과정을 요청하지 않아도 알아서 적당히 뚝딱뚝딱 해내기 때문이다. 게다가 결과가 나올 때까지 오래 기다리지 않아도 되고, 일단은 업무가 처리되어 진행되고 있으니 믿고 맡길 수 있다. 엄청난 완성도를 요구하는 일이 아니라면 어찌 됐든 효율적으로 처리된 업무는 무리 없이 진행되어가기 때문이다.

그러나 이렇게 효율성에 매몰되다 보면 스스로 한계를 짓게 된다. 좀 더 고민해볼 수 있는데, 좀 더 정성을 들여볼 수 있는데 비효율적이라는 생각으로 적당한 수준에서 처리하게 된다. 빠르게 일을 쳐내기 위해 손은 바삐 움직이지만 정작 머리는 다양한 방향을 모색하기보다 한 방향으로 빨리 가려고만 한다. 진득하게 오랫동안 생각해볼 수 있음에도 불구하고 효율성 앞에서 '빨리 감기'를 하는 것이다.

1만 시간의 법칙이라는 것이 있다. 1만 시간의 법칙은 어떤 일에서 전문가가 되려면 1만 시간의 노력이 필요하다는 것이다. 그러나 단순히 1만 시간을 소요해야 한다는 뜻이 아니며 모든 일에는 시간이 필요하다는 걸 의미한다. 아무리 업무 효율이 강조되는 시대라고 하지만 분명 시간을 들여야만 하는 업무도 있다. 짧은 시간 적당한 수준에서 고민한 아이디어와 진득하게 앉아 오랫동안 고민한 아이디어는 확실히 차이가 있다. 오랜 시간을 들여 숙성시킨 아이디어는 장맛과도 같은 깊은 가치를 지닌다.

업무를 효율적으로 처리해가는 와중에도 과감히 비효율에 방점을 찍는 업무를 분류하는 것이 중요하다. 효율의 반대말은 비효율이 아니라 '역효율'이다. 역효율은 효율적이지 않은 것이 아니라 효율을 과감히 거부하는 것이다.

매일 속도 전쟁에 내몰리는 세상에서 우리가 스스로 생산량을 극대화하는 공장이 될 필요는 없다. 때로는 미련할 정도로 시간을 들여 끝까지 아이디어의 매무새를 고치고 또 고치는 것, 이는 오직 인간에게만 주어진 사유의 힘으로서 시간을 들인 만큼 반짝이는 결과로 나타난다.

다채로운 메모가
다채로운 일상으로

메모의 중요성은 꽤 오래전부터 이야기되었고 서점의 수많은 자기계발서에서도 메모를 중요하게 다룬다. 실제로 그런 책들에는 메모에 대한 좋은 팁들이 많다. 그리고 메모를 잘 활용해 이뤄낸 멋진 성공 스토리를 소개하기도 한다. 그만큼 메모는 사소해 보이지만 인생 전체를 바꿀 수도 있는 중요한 습관이다.

회의가 중요한 업무 중 하나인 마케터에게도 메모는 필수다. 회의에서 기록한 메모의 내용에 따라 전체 마케팅의 방향이 수립되고 기획되기도 한다. 그런 이유로 마케터들은 보다 전문적으로 메모를 기록하는 방법이나 노하우에 대한 갈증이 크다.

메모, 기록보다 확인이 중요하다

그동안 수많은 메모를 하고 사용해왔지만 사실 나는 메모를 작성하는 기술에 대해서는 여전히 잘 모른다. 메모할 때 '기록'보다는 '확인'에 중점을 두기 때문이다.

내게 메모는 기록한 내용을 나중에 확인하기 위한 수단이지 행위 자체가 목적이 아니다. 핵심은 중요한 내용을 빠짐없이 다시 복기하는 것이다. 그리고 메모 당시의 상황을 회상하고 기억해내며 당시에 들었던 내 생각도 확인한다. 그래서 나는 메모를 하는 방법보다는 메모를 통한 확인이 더 중요하다고 생각한다.

사람들이 메모하는 방법은 매우 다양한 것 같다. 실제 내 주변에는 노트를 사용하는 사람들이 많다. 그리고 메모에 최적화된 노트도 눈에 띈다. 그러나 나는 노트를 애용하는 편이 아니다. 칠칠찮게도 나는 소지품을 잘 잃어버리는 편이다. 당연히 노트를 잃어버린 적도 많았다. 아무리 꼼꼼히 잘 메모한 노트나 종이도 잃어버리면 소용이 없다는 걸 몸소 겪었다. 게다가 확인이 목적이기 때문에 노트나 펜 같은 도구를 따지지 않으며 쉽게 확인할 수 있는 것이라면 무엇이든 상관없다고 생각한다.

내가 가장 애용하는 메모 수단은 휴대폰이다. 휴대폰의 메모장 기능을 애용한다. 생산성을 높여주는 앱과 같이 메모를 체계적으로 정리하는 기능도 필요 없다. 흰 바탕에 글자를 입력할 수 있으면 그만이다. 그리고 휴대폰은 늘 휴대하고 있으니 바로 쓸 수도 있지만 언제 어디서든 즉시 확인이 가능해서 좋다.

이렇게 확인을 위한 메모를 하는 나는 사소한 메모 습관 세 가지가 있다. 물론 대단한 노하우는 아니다. 그러나 나와 비슷한 성향을 지닌 누군가에겐 좋은 팁이 될 수 있으리라는 생각으로 소소하게나마 공유해본다.

흔적 그대로를 기록하는 메모

첫 번째 메모 습관은 '그냥 메모하기'이다. 그냥 메모하라니, 아무것도 아닌 말장난처럼 느껴질 수도 있겠다. 메모는 결국 내가 쓰는 것이다. 나라는 사람의 정보 처리 과정을 겪은 후 나오는 것이다. 그래서 메모를 하면서 중요하지 않다고 생각하는 내용은 생략하기도 한다. 또한 실제 나온 얘기는 아니지만 유추해서 메모를 덧붙이기도 한다. 즉 메모하면서 생략과 추가라는 편집 과정을 거친다. 이런 경우 생략되거나 추가된 정도에 따라 실제로 메모해야 하는 내용이 잊히거나 핵심 내용이 왜곡될 수도 있다.

하지만 나는 메모를 정리하거나 판단해서 기록하지 않는다. 일목요연하게 기록하는 데 치중해서 상황의 행간을 놓칠 수 있기 때문이다. 그래서 그 당시의 순간을 마치 복제하는 것처럼 그냥 줄줄이 메모한다. 전체 발언의 모든 내용을 속기하기엔 불가능하지만 되도록 발언된 내용을 여과 없이 회의 중에 일관성이 없어 보이는 의아한 의견들도 받아 적는다. 그리고 중요한 표정이나 행동이 있었다면 그것도 함께 기록해둔다. 메모의 내용은 많을수록 좋다는 생각이다. 나중에 사실을 추론할 때 풍부하고도 충분한 정보가 있으면 그 활용 가치도 높아진다.

내 생각과 아이디어를 기록하는 메모도 마찬가지다. 순간 떠오르는 생각은 단편적인 것 같지만 우리 머릿속의 생각은 무의식중에 발전한다. 따라서 보잘것없다고 여겨지는 생각도 꼼꼼하게 메모하는 습관이 중요하다. 아주 사소한 단어나 문장이어도 상관없다. 생각의 흐름 속에서 기록된 메모에는 내가 고민한 사유의 흔적들이 담겨 있다. 그 흔적의 행간에 또 다른 아이디어의 가능성이 숨어 있을 수도 있다. 생각의 흐름 제품의 차별적 우위는 명확.

메이커 입장에서는 확실한 KBF이지만

소비자 입장에서는 불확실 (축약단어 Key Buying Factor)

※(내의견) 탄성의 정의 : 기능에 대한 뚜렷한 인지정도 측정.

소비자가 체감하는 수 있는 COMM. 필요

소비자 친화적 메시지 개발이 사항,

소비자가 납득할 수 있는 소통 언어 도출 중요함.

※(내의견) '소비자' 단어 지속 반복, 소비자를 봅시다 묻자계정.

실제 메모 사례. 메모는 결론이 있는 완성형이 아니
라 미완성의 가능성을 품고 있다.

을 계속해서 따라가다 보면 궁극적으로 좋은 생각에 이르기도 한다.

잡생각이라 여겨지는 사소한 생각들도 메모해두는 게 좋다. 메모 당시에는 별 볼 일 없는 생각일지 모르지만 나중에 상황에 따라 좋은 아이디어를 내는 기초 재료가 될 수 있다. 가령 A라는 프로젝트에서 메모한 아주 작은 생각이 있었는데, B라는 프로젝트를 진행하며 확인했더니 좋은 생각인 경우가 있다. 또 메모한 생각들을 결합하거나 다른 이의 생각으로 보완할 수도 있다.

아주 사소한 생각처럼 느껴지더라도 낱낱이 기록된 메모는 언제 어디서 확인하느냐에 따라 훌륭한 생각의 원천이 된다. 그래서 메모는 결론이 있는 완성형이 아니라 미완성으로 가능성이 다분해야 한다.

모르는 것을 기록하는 메모

두 번째 메모 습관은 '모르는 것을 메모하기'다. 보통 메모는 알게 된 사실을 남겨두거나 생각한 것을 잊지 않기 위해 기록해둔다. 그런데 나는 모르는 것을 메모할 때도 있다. 지금 모르는 것 전부를 쓰라는 말은 아니다. 일상 속에서 모르는 개념이 등장하면 그때마다 메모하라는 뜻이다.

사실 업무나 회의를 진행하면서 당장 모르는 것을 찾아볼 여유가 없을 수도 있다. 또한 모르는 것을 그 자리에서 바로 물어보기가 어려운 분위기일 수도 있다. 그렇다 보니 모르는 것들이 큰 지장을 초래하지 않는다면 대수롭지 않게 넘어가기도 한다.

모르는 것을 모른다고 하며 솔직히 인정하는 게 쿨하고 멋지긴 하다. 그러나 마케터를 신뢰하는 건 마케팅 분야의 전문가이고 잘 알고 있다는 이유 때문이다. 일 앞에서 모른다는 순수한 고백은 자칫 마케터에 대한 믿음을 깰 수도 있다. 고백하건대 나 역시 이런 생각으로 몰라도 아는 척한 적이 더러 있었다. 혹은 오가는 대화 속에서 그 의미를 막연히 유추했던 적도 있었다. 그러다 보니 모르는 것을 그 순간에만 들키지 않으면 된다는 비겁한 마음도 가졌었다.

사실 모르는 걸 넘어가는 그 순간은 편하다. 그러나 그 모르는 것이 언젠가 또다시 부메랑이 되어 내게 돌아올 수 있다. 모르는 것들을 쉽게 지나치면 결국 누적되어 나의 전문성에 치명적인 영향을 미친다.

마케팅은 계속 진화하고 있다. 모르는 것이 생기면 바로 알아보진 못하더라도 쌓이지 않도록 업데이트해야 한다. 그러기 위해서는 무엇보다 내가 모르는 것을 인정하고 잊지 않도록 메모해두어야 한다. 그 메모는 모르는 것을 빠르게 확인하고 알아가기 위해 노력하겠다는 나와의 약속과도 같다.

또한 모르는 것을 메모해두면 좋은 점이 있다. 바로 내가 모르는 취약 영역들이 보인다는 것이다. 모르는 것들이 적혀 있는 메모를 전체적으로 훑어보면 내가 지금 어느 분야의 지식과 정보에 취약한지를 알 수 있다. 때론 내가 무엇을 모르는지조차 잘 모를 때가 있다. 그래서 이런 메모는 내가 잘 모르는 게 무엇인지 찾아내는 데도 효과적이다.

또한 모르는 개념을 나중에 시간을 두고 확인하다 보면 해당 개념뿐만 아니라 파생되는 다양한 영역도 함께 배울 수 있다. 이로써 자신이 취약했던 분야를 공부하게 되고 흥미를 느껴 전문적으로 파고드는 계기가 될 수도 있다.

감정을 기록하는 메모

세 번째 메모 습관은 '감정을 메모하는 것'이다. 메모의 내용은 업무와 연관될 것만 같은데 감정을 기록한다는 게 조금 낯설지 모르겠다. 말 그대로 그 순간 내가 느끼는 감정과 소회를 메모로 남겨두는 것이다. 긍정적인 감정이든, 부정적인 감정이든 상관없다. 당시에 느껴지는 감정 그대로를 솔직하게 메모하는 것이 중요하다.

회의 내용이나 생각을 기록하는 메모는 내 업무의 질을 높이지만 감정을 기록한 메모는 내 삶의 질을 높일 수 있다. 감정을 메모하고 확인하는 습관만으로도 삶을 움직이는 원동력을 얻는다.

왜 감정을 메모하는 것이 필요할까? 사람은 쉽게 망각하기 때문이다. 특히 감정의 경우는 더 쉽게 잊는다. 특정 상황이나 정보의 기억은 잔상으로 남지만 순간 느꼈던 감정은 수시로 변화한다. 감정의 속성은 일시적이라서 시간이 지나면 휘발되기 마련이다. 그런데 감정을 메모하면 그 시점의 특정 에피소드에 대해 내가 어떻게 느끼고 있는지가 기록으로 남는다. 이는 당시 내 태도뿐만 아니라 마음가짐까지도 함께 확인할 수 있다. 그리고 그 사건이 내게 어떤 영향을 미쳤는지도 현재의 시점에서 복기할 수 있다.

가장 좋은 방법은 매일 하루를 돌아보는 일기를 쓰는 것이지만 현실적으로 쉽지 않다. 매일 일기를 쓴다는 것은 꽤 귀찮은 일이기 때문이다. 게다가 최근에는 일상의 순간이나 감정을 기록할 수 있는 SNS가 등장했다. 그런데 SNS는 네트워킹 성격이 강해 일상의 기록을 넘어 공유하게 되다 보니 남들에게 보여주고 싶은 것만 올릴 수도 있다. 아주 솔직한 감정을 SNS로 남겨두기엔 상당한 용기가 필요하다.

감정을 기록하는 메모는 오직 나만 확인하기 위한 것이므로 어떤 감정이든 기록할 수 있다. 또한 일기처럼 매일 쓰는 것이 아니라 특정 감정이 느껴질 때 기록하기 때문에 부담이 덜하다. 메모된 감정들을 확인하는 가장 큰 이유는 바로 '마음의 재활용' 때문이다. 우리는 어떤 계기로 인해 결심이라는 것을 하고 그 결심에는 감정이 동반된다. 이런 굳은 다짐은 나의 이성뿐만 아니라 감정의 결합으로 구성되어 있다.

어떤 결심을 행동으로 옮길 때 쉽게 작심삼일이 되어버리는 건 실천하지 않아서가 아니라 마음먹음의 단단함이 무너지기 때문이다. 그 결연했던 마음이 퇴색되지 않도록 감정의 메모를 통해 내 의지와 정서를 다시 떠올리는 것이다. 즉 감정의 메모는 초심을 떠올리게 해주는 감정의 '바로 가기' 버튼과도 같다.

메모는 실용적이면서도 개인적이다. 여기 소개한 '그냥 메모하기'나 '모르는 것을 메모하기', '감정을 메모하기' 같은 방법들은 무척 사소하고 일상적이다. 그러나 사소한 일상들이 쌓여 삶 전체를 이루고 나만의 풍요로운 생활을 만들어가는 베이스가 된다. 이처럼 생활을 단단히 해나가는 힘, 즉 생활력은 사실 메모와 같이 소소한 습관으로부터 비롯된다.

패패익선, 실패는
많을수록 좋다

실패를 좋아하는 사람은 아무도 없다. 실패는 가급적 피하고 싶기에 모두가 실패를 최대한 줄이기 위해 노력한다. 혹여 실패했더라도 '실패는 성공의 어머니'라는 고전적인 격언을 되새기며 성공으로 향하는 마음을 다지기도 한다.

그런데 실패는 실패 그 자체로서도 가치가 있다고 생각한다. 물론 사람마다 실패의 정의는 다를 수 있다. 보통 마케터에게 실패는 마케팅 목표를 달성하지 못한 것이다. 그런데 경험이라는 차원에서 보면 마케터는 실패로부터 다양한 깨달음을 얻을 수 있다.

우리는 매우 불확실한 시대에 살고 있다. 아무리 정교하게 짜인 전략 아래 마케팅을 기획하고 실행하더라도 어처구니없는 변수의 등장으로 실패하기도 한다. 혹은 기대하지 않았던 캠페인이 입소문의 훈풍을 타고 성공하기도 한다. 복잡다단한 수많은 변수가 마케터의 고민거리가 되어가고 있는 현실이다.

물론 모든 일에 변수가 존재하니 운에 맡기라는 뜻은 아니다. 다만 마케터의 의지만으로 모든 프로젝트가 성공으로 직결될 수는 없다는 이야기다. 프로젝트 하나하나의 성공과 실패에 일희일비할 필요는 없다.

실패도 소중한 포트폴리오가 된다

성공한 마케팅 사례는 마케터에게 의미 있는 포트폴리오가 된다. 이는 마케터의 역량을 검증하는 이력이 된다. 그런데 실패한 마케팅 사례도 중요한 포트폴리오가 될 수 있다. 성공 사례가 외적으로 드러나는 사례라면 실패 사례는 내적으로 남는 사례다. 실패 사례는 드러나지 않지만 마케터 자신에겐 가치 있는 포트폴리오가 된다.

성공 마케팅 사례는 모두에게 공유되지만 실패 마케팅 사례는 오직 내게만 남는 시사점이 있다. 어쩌면 실패한 사례를 통한 학습이 또 다른 이력을 만들어나갈 가능성을 창출할 수도 있다.

물론 성공한 캠페인은 성공한 이유가 있을 것이다. 그런데 그 이유가 성공의 모든 것을 대변하지는 않는다. 성공하는 캠페인을 아무리 잘 벤치마킹하더라도 뚜렷한 공식을 발견하기는 쉽지 않다. 게다가 성공한 사례를 그대로 적용한다고 해서 또 다른 성공 사례를 만들어낸다는 보장은 없다.

그런데 실패한 캠페인 사례는 적어도 실패의 바로미터가 된다. 실패한 캠페인을 학습하는 본질은 더 실패하지 않기 위해서다. 그리고 새로운 캠페인을 진행할 때 더 실패하지 않도록 하는 중요한 가이드가 되기도 한다.

실패를 조기 경험해 봐도 괜찮아요

사실 무엇이든 미리 배워두어 나쁠 건 없다. 미래를 알 수 없는 불확실성의 시대에 하나라도 더 알아두는 게 든든하다. 혹시나 몰라서 알아둔 것들이 나중에 요긴하게 쓰이기도 한다. 실패 역시 마찬가지다. 실패는 미리, 조기에 경험하는 것이 중요하다.

단순히 실패를 미리 맛봐야 갑자기 무너지지 않을 의지를 기를 수 있다는 뜻이 아니다. 예방주사는 치료약이 아니라 내

성을 기를 수 있도록 소량의 바이러스를 주입한다. 나중에 거대한 힘의 바이러스를 너끈히 이겨내는 면역력을 키우기 위해서다. 이처럼 실패도 미리 경험하면 미래에 서게 될 성패의 갈림길에서 실패하지 않는 면역력을 갖게 된다.

나뿐만 아니라 마케터라면 누구나 경쟁 PT의 프레젠터가 되는 것을 동경한다. 회사 혹은 조직을 대표해 선봉장이 된 프레젠터는 마치 무대에 오르는 주인공 같다. 슬라이드를 띄워놓고 클라이언트 앞에서 달변을 토해내며 설득하는 모습은 정말 대단하게 느껴진다.

나 역시 신입사원 시절부터 PT의 프레젠터를 꿈꿨다. 입사 동기들 중에는 프레젠터를 동경해서 광고 회사, 마케팅 회사를 지원했다고 얘기하는 이들도 있었다. PT의 특성에 따라 다를 순 있지만 대개 임원 혹은 팀장급 선배들이 프레젠터를 맡는 경우가 많았다. 경쟁 PT 승리 확률을 높이려면 프레젠터의 경험이나 노하우가 중요했기 때문이다.

참으로 감사하게도 내게는 프레젠터로 설 기회가 빨리 찾아왔다. 심지어 작은 PT도 아니었다. 수십억 단위의 1년 치 캠페인을 수주해야 하는 경쟁 PT였다. 당시 나는 입사한 지 2년 정도 되었기에 말 그대로 한창 배워야 하는 '쪼렙'이었다. 학창 시절 공모전에서 프레젠테이션을 하긴 했지만 회사에 입사하고는 경험마저 전무했다. 그런데 PT의 과제가 디저트 브랜드의 재활성화여서 어린 연차의 프레젠터가 PT를 해보자고 팀장님이 아이디어를 냈던 것이다. PT를 준비하는 임원분들도 흔쾌히 허락했기에 가능한 일이었다.

아직 기획 능력이 부족하므로 선배들이 기획서를 쓰고 대신 프레젠테이션을 하는 방법도 있었다. 그러나 선배들은 발표할 기획서는 본인이 직접 고민해야 한다며 나 스스로 작성하게 했다. 정말 많은 버전의 기획서를 쓰고 고치기를 반복했다. 각각의 장표를 프린트해서 회의실에 붙여놓고 페이지마다 부족한 점이 없는지 파악하고 페이지의 순서를 바꿔보기도 했다. 팀 선배들은 모두 자신의 기획서인 것처럼 정말 열심히 피드백을 주었다.

지금 생각해보면 수년 혹은 수십 년 남짓 기획서를 써온 선배들의 눈에 내 기획서가 얼마나 남루하고 초라했을까? 그러나 선배들은 내 눈높이에서 스스로 깨우치고 발전할 수 있도록 지켜봐주고 많은 조언을 해주었다.

나는 학생 시절 공모전을 꽤 많이 경험한 편이라고 생각했다. 많은 사람 앞에서 PT를 한 경우도 더러 있었다. 그래서 경쟁 PT 자리에서 떨지 않을 거라는 자신감도 있었다. 그러나 막상 PT 자리에 서니 엄청난 긴장감과 압박감이 몰려왔다. 그간 선배들의 고생을 헛되게 하면 안 된다는 생각이 부담으로 작용했던 것 같다. 또한 나를 바라보는 임원분들의 눈빛이 아주 날카롭고 무섭게 느껴졌다. 어떻게 지나갔는지 모르겠지만 나는 얼굴이 상기된 채 열심히 준비한 내용을 발표했다.

결국 PT에서는 승리하지 못했다. 그러나 PT의 결과에 대해 누구도 내게 원인을 돌리거나 추궁하지 않았다. 선배들은 수고했고 좋은 경험을 했다고 토닥여주었다. 만일 그때 이겼더라면 나는 자만했을 수도 있다. 순간의 성공에 도취되어 내가 정말 기획서도 잘 쓰고 PT도 잘한다고 생각했을 것이다. 실패의 경험은 쓰지만 그렇게 약이 되고 교훈이 된다. 가장 큰 교훈은 기획서를 발표하는 건 '말을 잘하는 것'과는 별개라는 점이다.

PT에서는 화려한 언변보다 준비한 전략과 아이디어를 어떻게 잘 전달하는지가 핵심이 되어야 한다. 따라서 얼마나 달변을 쏟아놓느냐가 아니라 준비한 내용이 상대의 머리와 마음에 얼마나 가닿느냐가 중요하다. 또한 청중과의 교감도 세밀히 고려해야 한다. 일방적인 PT보다 PT를 보고 듣는 사람들의 표정과 몸짓을 확인하며 적절하게 대응하는 것이 필요하다.

이런 깨달음은 이후 내가 기획서를 쓰고 발표하는 데 바이블과 같은 핵심 가이드가 되었다. 실패를 일찍 경험함으로써 나의 부족한 점을 미리 발견하고 예방할 수 있음을 알게 된 것이다.

넓게 바라보면 실패는 과정

실패는 기준을 동반한다. 사전에 설정해놓은 어떤 기준에 부합하지 못했을 때 흔히 실패라고 한다. 그런데 우리는 실패라고 판단하는 범위를 좁게 보는 경우가 있는 것 같다. 당면한 목표에 미치지 못한 건 현재의 실패이지만 좀 더 넓은 범위의 목표로 확장했을 때는 실패가 아닐 수도 있다. 시야를 확장하면 그 시점에서는 실패처럼 보이는 것들도 성공을 위한 교두보가 된다. 실패라고 생각했던 수가 바둑판 전체의 승리를 이끄는 묘수가 되기도 하는 것이다.

나는 선제안을 좋아하고 또 꽤 많이 했던 것 같다. 선제안이란 클라이언트의 요청이 없더라도 내가 먼저 아이디어를 제안하는 것을 뜻한다. 이는 누가 시켜서 하는 일이 아니다. 나는 클라이언트의 문제와 솔루션을 미리 고민해보고 제안하는 것이 참 좋았다. 그래서 나 또는 회사가 담당하는 클라이언트뿐 아니라 다양한 클라이언트에게 선제안을 했다. 인터넷으로 회사 대표 번호를 찾아 전화해서 담당자를 연결받고 만나달라고 요청하기도 하고, 지인의 지인을 통해 소개를 받기도 했다. 심지어 선제안을 하려고 해외 본사로 출장을 간 적도 있었다.

일이 없이 한가했던 건 결코 아니었다. 좋은 아이디어가 클라이언트를 만나 문제가 해결되는 것 자체가 보람 있었기 때문이었다. 내가 담당하는 클라이언트뿐 아니라 다양한 재화와 브랜드에 대해 고민해보는 것도 좋았고 클라이언트의 입장에서 문제를 바라보고 진단하는 것도 나의 좁은 시야를 확장해주는 것 같았다.

또한 선제안의 대부분은 기업과 사회가 가치를 창출하는 공익 아이디어 위주였다. 선제안을 했던 아이디어가 실행되면 마케팅 문제가 해결될 뿐만 아니라 세상이 더 좋아질 것이라는 소망이 그 안에 들어 있었다.

그렇다면 그 선제안들은 실제로 얼마나 실행되었을까? 고백하건대 대부분은 실행되지 못했다. 마치 야구 선수로 치면 안타조차 때려내지 못하는 타율 낮은 타자와도 같았다. 당시 선제안을 실행시켜야 한다는 기준에서 보면 나는 철저히 실패했다. 그러나 멈추지 않고 선제안을 계속했다. '안 되면 될 때까지'라는 불도저 정신으로 밀어붙였던 게 아니었다. 선제안이 실행되지 않는다고 해도 거기서 시작될 나비 효과를 기대했던 것이다.

선제안은 당장 실행되지 않고 제안으로만 끝난다고 해도 꽤 중요한 의미를 갖는다. 바로 선제안의 바탕에 '성의'가 담겨 있기 때문이다. 클라이언트가 요청하지 않았는데도 브랜드와 제품에 대해 미리 고민하고 솔루션을 제안하는 마케터의 마음과, 클라이언트의 문제를 함께 고민하고 일이 잘되도록 진심을 다해 제안하는 진정성이 담겨 있다. 이는 실행 여부를 떠나 클라이언트에게 이심전심이라는 기쁨을 주기도 한다. 또한 새롭게 만난 클라이언트의 경우는 선제안을 통해 다른 캠페인을 함께할 기회가 생기기도 한다.

실패의 기준은 결국 나 자신에게 있다. 내가 인정해야만 비로소 실패다. 실패는 우리의 의지에 따라 더 큰 가능성을 열며 기회로 전환되기도 한다. 실패를 다음을 위한 소중한 자산으로 여긴다면 이는 실패가 아니라 교두보가 된다.

나의 커리어와 인생은 생각보다 길다. 지금 이 순간 실패처럼 보인다고 해서 실패라고 속단하지 않았으면 좋겠다. 아프기만 한 것 같은 그 순간도 지나고 보면 나를 훌쩍 크게 한 성장통이었음을 깨닫게 된다. 우리 모두 과감히 실패하고 마음껏 성장하기를 두 손 모아 희망한다.

몸이 건강하면
아이디어가 건강해진다

'건강한 신체에 건강한 정신이 깃든다'는 말이 있다. 평소 운동을 즐겨 하는 사람들에게는 실천 강령과도 같은 말이다. 또한 꼭 운동이 아니더라도 건강한 삶을 살기 위한 보편타당한 원칙이기도 하다.

그런데 이 말이 잘 통하지 않는 곳이 있다. 바로 광고, 마케팅 업계다. 이 일의 핵심에는 창의적인 활동이 자리한다. 전략과 아이디어를 내느라 고심하다 보면 스트레스가 몰려온다. 생각이 잘 풀리지 않을 때 커피나 술, 담배 등의 기호식품을 즐기는 마케터들도 더러 있다. 스트레스 해소뿐만 아니라 다소 이완된 상태에서 새로운 생각을 얻기 위한 자구책인 것이다.

내 경우는 기호 식품이 '기호'로 작용하지 못했다. 고백하건대 나는 커피를 마시지 못한다. 또 담배 냄새를 극도로 싫어해 한번 피워봐야겠다는 생각조차 한 적이 없다. 술은 맥주를 좋아하지만 주량이 약해 많이 마실 수가 없다. 결국 아이디어를 잘 내기 위한 나만의 기호를 찾아야 했다. 내 머리의 회로가 가장 반짝이며 가동될 수 있는 촉매를 찾고 싶었다. 참 아이러니하게도 나는 몸을 활동적으로 움직일 때 좋은 생각을 떠올리곤 했다.

조금 이상하게 들릴지 모르지만 나는 아이디어가 머리에서 나오는 것이 아니라 몸 전체에서 나온다고 생각한다. 훌륭한 아이디어는 몸을 혹사해서 지칠 대로 지친 끝에 나오지 않는다. 무작정 책상 앞에 오래 앉아 있거나 야근하는 것이 좋은 아이디어를 내는 방법이 아닐 수도 있다. 오히려 사무실 밖으로 나와 몸을 부지런히 움직이는 것이 갇혀 있는 생각을 움직이기도 한다.

그다지 대단한 노하우는 아니지만, 아이디어를 내는 데 도움이 되고 궁극적으로 몸과 정신이 건강해지는 나름의 사소한 방법을 소개하고자 한다.

충분한 수면이 충분한 아이디어를 만든다

아이디어의 시작은 푹 자는 데 있다. 참 이상하다. 남들 잘 시간에 치열하게 고민해야 하는데 잠을 충분히 자라니. 예전에는 입시와 관련해 '삼당사락'三當四落이란 말도 있었다. 세 시간 자면 시험에 붙고 네 시간 자면 떨어진다는 말이다. 그만큼 자는 시간까지 아껴서 공부해야만 시험에 붙을 수 있다는 것이다. 가혹하지만 수험생이 잠을 푹 잔다는 건 입시를 포기하는 것과 동의어로 여겨지던 시절이었다.

시험이라는 건 원리를 파악해야 하는 일부 과목을 제외하고는 얼마나 알고 기억해내느냐가 주요 관건이다. 따라서 주어진 시간 안에 많은 것을 잘 외우는 게 무엇보다 중요했다. 그런데 아이디어를 내는 것은 단순한 암기와는 다르다. 아이디어는 기억으로 저장된 걸 다시 꺼내는 게 아니다. 생각의 힘을 단단하게 하고 뭔가를 새롭게 창출해야 한다. 즉 머릿속에 스파크가 튀어야 하는 일이다. 잠이 부족한 황무지 같은 머릿속 상태라면 아이디어의 불이 지펴질 리 만무하다.

우리는 잠이 부족하면 흔히 다음과 같은 증상을 겪게 된다. 우선 멍한 느낌의 상태가 지속된다. 그리고 자꾸만 눈이 감긴다. 온전히 집중하기 어렵고 주의가 산만해진다. 그렇게 여러 날 밤을 새면 '좀비' 상태가 된다. 지금 무슨 말을 하고 있는지, 무슨 행동을 하고 있는지 스스로 인지하지 못할 때도 있다. 심지어 어떤 음식을 먹는지, 이 음식이 무슨 맛인지 제대로 파악하지 못하기도 한다. 잠을 덜 자면서 참신한 아이디어를 낸다는 건 말이 되지 않는다. 도리어 아이디어를 떠올리는 감각만 반감될 뿐이다.

평소에 자는 수면 시간보다 더 많이 자라는 뜻은 아니다. 수면 결핍이 내 육체에 영향을 주지 않는 수준의 적당한 잠이 필요하다는 것이다. 좋은 아이디어는 머릿속이 정상적으로 작동될 수 있는 상태에서 시작된다. 잠을 충분히 잔 뒤 맑고 개운한 상태에서 아이디어를 내는 것이 더 수월하게 느껴지기도 한다.

또한 부족한 잠은 아이디어를 전달하는 방식에도 영향을 미친다. 아무리 좋은 아이디어라도 다른 사람들을 이해시키고 공감을 주어야 한다. 아이디어를 개진하는 미팅에서 부족한 잠 때문에 설명이나 설득을 충분히 하지 못할 수도 있다. 따라서 '잠이 보약'이라는 클리셰는 마케터에게 특히 유효하다.

운동하며 생각을 '조각 모으기'

아이디어를 고민하다 보면 머릿속이 온통 복잡할 때가 있다. 엉켜 있는 실타래 같은 생각 속에서 어떤 실마리를 찾아야 할지 막막하기만 하다. 어떨 때는 좋은 생각이 손에 잡힐 듯하다가도 이내 희미해진다. 훌륭한 아이디어라고 생각했는데 나중에 보니 별로인 듯해 다시 고민하게 된다. 슬럼프에 빠진 것처럼 아이디어의 고착 상태가 지속될 때도 있다. 이럴 때는 아무리 머리를 쥐어뜯으며 생각해도 아이디어의 한 가닥도 떠오르지 않는다.

나는 이렇게 생각이 정체되어 있을 때 오히려 몸을 더 많이 움직이는 편이다. 가벼운 몸풀기보다는 격렬한 운동을 한다. 생각이 복잡하면 피곤할 텐데 운동이 대수냐고 반문할 수도 있다. 그런데 사무 업무의 특성을 생각하면 그건 정신적인 피곤이지 육체적 피곤은 아니다. 오히려 회사의 업무 스트레스를 풀기 위해 운동 대신 음주와 흡연으로 건강이 나빠지는 사례를 종종 목격했다. 그래서 나는 정신적인 격무에 시달릴수록 운동을 더 많이 한다. 금세라도 피곤해질 것 같지만 몸을 움직이다 보면 정신적인 피폐함이 사라지고 머릿속이 깨끗해지는 의외의 경험을 하게 된다.

이런 경험은 컴퓨터의 조각 모으기에 비유할 수 있다. 컴퓨터를 오래 쓰다 보면 파일 조각이라는 것이 남는다. 시간이 지나면서 다양한 파일이 컴퓨터 구석구석 산재하게 되고 이것들이 용량을 차지하면서 컴퓨터의 처리 속도나 용량을 떨어뜨리는 요인이 된다. 그래서 컴퓨터에는 조각 모으기라는 기능이 있다. 이 기능은 불필요한 파일은 삭제하고 조각들은 압축해서 컴퓨터가 더 훌륭한 성능을 낼 수 있도록 돕는다. 보다 효율성을 낼 수 있는 컴퓨터로 스스로 성능을 업그레이드하는 것이다.

운동도 이와 유사하다. 신체를 움직이면서 종일 과부하가 걸린 머리는 잠시 쉬게 하는 것이다. 육체의 움직임에 모든 신경이 쏠리다 보면 복잡했던 머릿속이 자연스레 정리되기도 한다. 쓸데없이 붙잡았던 생각들은 뒤로 밀려나고 내가 명확하게 고민해야 하는 지점들이 떠오르기도 한다. 마치 운동 중에 머릿속에서 조각 모으기 기능이 실행되는 것과 같다. 또한 복잡한 생각을 하다 보면 쉽게 잠들지 못하기도 하는데, 운동하고 난 후의 적절한 피로감은 잠을 편하게 잘 수 있도록 돕는다.

걸으며 아이디어를 '테이크아웃'하기

몸을 움직이면 아이디어를 내기 좋은 상태가 되기도 하지만 아이디어를 내는 순간을 촉진하기도 한다. 세상의 좋은 생각들은 책상 앞에서만 이뤄지지 않았다. 유명한 위인들의 발견은 밥을 먹다가, 화장실에 있다가, 샤워를 하다가 등 지극히 일상적인 행위 중에 이뤄졌다. 생각에만 집중하는 환경보다 다양한 신체 활동이 오히려 생각을 떠올리는 데 도움이 된다. 마케터 역시 사무실이 아니라 일상생활의 활동을 통해 새로운 생각을 발견할 수 있다.

나는 생각하기 위해 종종 걷는다. 사실 걷는다는 건 지극히 일상적이다. 어딘가로 이동하거나 에너지를 소비하기 위한 기본적인 행위다. 지극히 소소한 활동인 걷기가 아이디어를 떠올리는 습관이 된다. 걸을 때의 보폭은 일종의 박자와도 같다. 왼발, 오른발이 교차하며 나아가는 움직임은 신체에 리듬감을 준다. 정체돼 있던 생각도 신체의 리듬감에 맞춰 추진력을 얻을 수 있다. 이런 현상 때문에 철학자 니체는 "위대한 생각은 걷기에서 나온다."고 말했다.

또한 걷는다는 것은 나라는 주체의 의지이자 표현이다. 걸음을 이어가는 것도, 멈추는 것도 나 자신이다. 단순히 업무를 위해 사무실에서 아이디어를 고민하는 건 타의적이다. 그러나 일상 속 걷기를 통해 자유롭게 아이디어를 고민하는 건 자의적이다. 걸으면서 생각한다는 건 아이디어 창출이 일이 아니라 생활이라는 것이다. 어쩔 수 없이 하는 숙제가 아니라 자발적인 성장이다. 일을 철저히 분리해내는 일상이 아니라 가능성과 가치를 찾는 일상이 되는 것이다.

마지막으로, 걷는 것은 일종의 환기 작용을 한다. 흔히 업무에 지나치게 몰입했을 때 잠깐 바깥 공기를 마시자고 한다. 이는 밖의 신선한 공기를 마시겠다는 물리적 의미보다 기분 전환을 하자는 정서적 의미가 크다.

걷기도 마찬가지다. 길을 걸으며 바라보는 풍경과 소리는 아이디어를 새롭게 바라보게 하고, 딱딱하고 정제된 생각이 아닌 부드럽고 유연한 생각을 떠올리는 분위기를 만든다. 또한 길을 걸으며 관찰하는 모든 것이 새로운 아이디어의 모티브가 되기도 한다. 이처럼 몸을 움직이고 길을 따라 걸음을 옮길 때 우리의 머릿속도 환기되어 새로운 아이디어가 탄생할 공간이 마련된다.

완벽한 아이디어를 위해 며칠 밤잠을 아껴가며 고민하고 있다면, 도무지 생각이 떠오르지 않아 답답하고 괴롭다면 생각에 자신을 가두지 말고 마음껏 움직여보는 건 어떨까? 생각의 굴레에서 벗어나야만 새로운 곳을 바라볼 수 있는 시야와 여유를 확보할 수 있다.

마케터의
태도 법칙

마케팅에는 참 많은 법칙이 존재한다. 때론 유명한 전문가들
이 마케팅의 변화에 맞춰 새로운 법칙을 탄생시키기도 한다.
이런 법칙들은 마케팅 전략에 중요한 참고가 되기도 하고 아
이디어를 내기 위한 마중물이 되기도 한다. 또 소비자의 심리
를 파악할 수 있는 하나의 가이드가 되기도 한다.

　나도 마케팅 일을 하면서 늘 중심에 두는 법칙 두 가지가
있다. 이 법칙은 마케팅과 관련된 것은 아니다. 그러나 일상
에서 실천해보면 좋을 태도에 대한 법칙이다. 일상 습관에 대
해 고민하는 이들에게 도움이 되리란 마음으로 소소하게 공

유하고 싶다. 하나는 마케터가 실천하면 좋을 것 같은 태도 법칙이고, 다른 하나는 지양하면 좋을 법칙이다.

베버의 법칙을 피하라

베버의 법칙^{Weber's law}은 좀 생소하게 느껴질지 모르겠다. 사실 이 법칙은 과학 분야의 법칙이다. 생뚱맞게 과학에서 언급되는 법칙을 피하라니, 이상하다고 생각할 수도 있겠다.

베버의 법칙은 쉽게 말해서 자극을 느끼려면 기존에 받은 자극보다 더 큰 자극을 받아야 한다는 것이다. 우리는 기존의 자극보다 작은 자극은 자극으로 인지하지 못한다. 즉 감각이 자극에 익숙해져 순응한다. 그리고 자극으로 인지하느냐의 여부는 개인의 역치에 달려 있다. 역치란 자극에 대한 반응을 불러일으키기 위한 최소한의 세기다. 역치가 크면 둔감하고 반대로 작으면 민감하다.

단순히 과학적 관점에서의 역치만을 이야기하고 싶은 것은 아니다. 신체가 받는 외부의 물리적 자극을 넘어 우리가 온몸과 마음으로 영향받는 일상의 자극에 관해 이야기하려는 것이다

오늘날 우리는 자극의 시대를 살고 있다. 우리를 자극하는 것들이 곳곳에 널려 있고 우리는 감각이 즉각적으로 따라

가는 것들에 반응한다. 그리고 이런 말초적 자극에는 중독성이 있다. 중독되면 나서서 자극을 좇기도 하고 더 큰 자극을 기대하기도 한다. 그런데 아이러니하게도 우리는 점점 자극에 무뎌지고 있다. 말초적인 자극에 집중하다 보니 마음이 받는 자극에 대해선 소홀하다. 다양한 즐거움을 선사하는 외부의 자극에 휩쓸려 정작 마음이 꼭 수렴해야 하는 의미 있는 자극은 흘려보내기도 한다.

말초적 자극은 자극에 대한 즉각적 반응을 동반한다. 그렇기에 그 반응은 찰나에 휘발된다. 그러나 마음의 자극은 순간적 반응에서 끝나지 않는다. 자극에 대한 반응과 함께 의미가 내재화되어, 어떤 마음을 먹게 하는 결심의 모티브가 되기도 한다. 결심이 점점 단단해지면 어떤 행동으로 발현된다. 결국 마음이 자극받는다는 것은 행동의 변화와 직결된다. 따라서 마음의 자극에 주저하기보다는 잘 느낄 수 있도록 민감해지는 것이 중요하다.

마음의 자극에 민감해지려면 '당연하다'라는 생각을 조심해야 한다. 어떤 현상이나 결과에 대해 당연하다고 생각하는 건 솔직한 인정일 수도 있다. 그러나 어떤 원인과 이유 때문인지 알지 못한 채 의문 없이 받아들이는 수렴은 마음에 아무런 의미를 남기지 않을 수 있다.

또한 '나와 무관하다'고 생각하는 것 역시 피해야 한다. 나와 무관하다고 여기는 건 어떤 자극은 나와 관련이 없다고 생각하는 것이다. 아예 그 자극에 대한 관심조차 꺼버리면 꼭 필요한, 중요한 자극을 접할 기회를 놓칠 수도 있다.

세상에는 마음을 움직이는 많은 일이 있다. 때론 마음을 온통 뒤흔들기도 하고 뜨거운 뭔가를 끌어올리기도 한다. 그러나 이는 내가 그 자극을 느꼈을 때 가능한 일이다. 자칫 자극이 다가와도 스쳐 지나가지 않도록 마음을 활짝 열어두고 받아들여야 한다. 설령 그 자극이 아주 미세하게 다가오더라도 잘 느낄 수 있도록 나의 역치를 낮춰야 한다.

베버의 법칙을 피하라. 자극을 통해 변화할 수 있도록 나 자신을 무장 해제해야 한다.

줄리의 법칙을 따르라

이번에는 일상의 태도를 위해 따르면 좋을 법칙을 이야기하겠다. 바로 줄리의 법칙Jully's law이다. 역시 베버의 법칙처럼 낯설 수 있다. 줄리의 법칙을 이해하려면 이와 연관된 두 가지 법칙을 알아야 한다. 바로 머피의 법칙과 샐리의 법칙이다.

머피의 법칙은 그룹 DJ DOC의 노래 제목과 가사 때문에 꽤 많이 알고 있을 것이다. 머피의 법칙은 쉽게 말해서 뭘 해도 안 되는 것이다. 주로 세상에는 좋지 않은 일 위주로 일어 난다고 간주한다. 반대로 샐리의 법칙은 무엇을 하더라도 잘 된다는 것이다. 세상에는 좋은 일들 위주라는 생각이다. 이 두 법칙은 세상에서 일어나는 일에 논리적 인과관계를 적용 하지 않는다. 모두 우연에 기대한다는 특징이 있다.

줄리의 법칙은 위의 두 법칙이 절충된 것처럼 보인다. 이 법칙은 간단히 말해서 간절히 바라면 현실이 된다는 것이다. 심지어 공식도 있다. 'R=VD'$^{Realization=Vivid\ Dream}$이다. 생생하게 꾸는 꿈은 이뤄진다는 의미를 도식화한 것이다.

줄리의 법칙 역시 논리적으로 증명된 법칙은 아니다. 인간 의 소망에서 비롯된 법칙일 수 있다. 그러나 생각하기에 따라 서는 줄리의 법칙을 조금 다르게 해석할 수 있다.

지금은 종영한 라디오 프로그램 〈유인나의 볼륨을 높여 요〉는 공감 가는 일화와 마음을 울리는 멘트로 애청자들이 많았다. 한번은 줄리의 법칙과 관련된 내용이 언급되었는데, 이 법칙이 단순히 허황된 꿈이 아니라 소망을 현실로 만들려 는 구체적 행동일 수 있음을 다음과 같이 표현했다.

"두 사람이 같은 차를 타고 나란히 앉아 가는데요. 한 사 람 눈에만 자꾸 보이는 거예요. 길가의 호떡 장수, 뻥튀기 장 수, 커피 장수. 그건 우연히 그 사람만 발견하게 된 것이 아니라, 그 사람이 '발견할 수밖에' 없었던 겁니다. 배가 고팠고, 목이 말랐고, 먹겠단 생각을 계속한 건 그 사람이니까."

막연한 것 같지만 간절히 원하면 자꾸 눈에 띄고 그 방향으로 생각하고 행동하게 된다. 나도 모르게 기회를 만들어내려는 노력을 미세하게 조금씩 하는 것이다. 그래서 줄리의 법칙은 우연이 아니다. 막연한 마음인 것 같지만 의식하지 않아도 행동하게 되는 내 안의 주문과도 같다. 결국 강력한 열망이 나를 움직인다. 자각하지 못하더라도 나는 매일 그 방향을 바라보며 조금씩 나아가는 것이다.

마케터에게는 모든 것이 도전이며 새로운 시도는 늘 두렵다. 쉽지 않은 길 위에서 어떻게 해야 할지 엄두가 나지 않을 때도 있다. 그럴 때일수록 무엇을 해야 하는지보다 무엇을 바라는지를 생각해보면 어떨까? 그 바람에서 시작된 절박함은 마치 마법처럼 원하는 방향으로 나를 인도할지도 모른다. 이는 무조건 이뤄지리라는 무한 긍정이나 요행을 바라는 마음이 아니다. 간절함이라는 이름의 실천이며 의식하지 않은 조용한 변화다.

인생도 나만의
실행 안이 필요해요

마케터로서만이 아니라 한 사람으로서 어떻게 살아야 하는지
는 끊임없이 풀어야 하는 숙제 같다. 어떤 마음을 가져야 할
지, 매 순간 어떤 선택을 해야 할지 늘 고민이 된다. 특히 인
생의 기준을 세우기가 어려운 것 같다. 그 기준은 내 가치관
에서 오지만 사실 나의 가치관이 무엇인지조차 알 수 없다.
일에는 가이드가 있어 학습하면 되지만 사람의 삶은 모두가
달라서 누군가의 삶의 기준을 따라 할 수도 없다.

그래서 우리는 흔히 좌우명이라는 걸 갖게 된다. 좌우명
은 단순히 명언으로 그치는 것이 아니다. 인생의 길잡이가 되

기도 하고 내 정체성의 표현일 때도 있다. 또한 내 인생에서 중요한 판단의 기준이 되며 일상의 행동 방침이 되기도 한다. 그렇기에 한 개인을 알아가는 질문 중에서 좌우명이 무엇이냐는 질문은 빠지지 않는다. 하나의 좌우명을 품고 있는 사람도 있고 여러 개의 좌우명을 가지고 있는 사람도 있다. 좌우명은 남의 것을 빌려오기도 하지만 결국은 나 스스로가 내리는 나라는 인생의 정의다.

삶을 렌트했습니다

나 역시 인생을 어떻게 정의 내릴지가 늘 고민이었다. 아직도 미숙하고 서툰 것 같은데 인생을 어떻게 정의해야 할지 고민하는 것은 꽤 나이를 먹었을 때의 일이라 생각했다. 그런데 인생이라는 것이 무엇인지 깊게 고민해본 계기가 있었다. 바로 나와 음악을 함께 했던 친구 때문이었다.

그는 음악을 무엇보다 사랑했다. 마케팅이라는 일과 음악이라는 취미를 병행하는 나와 달리 음악은 그에게 일이자 취미였다. 음악에 대한 그의 열정과 노력은 내게 늘 동기부여가 되었다. 우리는 작업실에서 만나 같이 연습하기도 하고 공연을 하기도 했다. 그런데 너무나 황망하게도 그가 갑자기 암 말기를 선고받고 몇 달도 안 되어 하늘나라로 떠났다. 아팠던 그가 임종 전 며칠을 남겨두고 가장 하고 싶어 했던 일은 바로 피아노 앞에서 노래를 부르는 것이었다.

이 일을 겪고 나서 나는 한 가지 인생의 정의가 생겼다. 바로 내 삶은 누군가에게서 빌려온 거라는 것이다. 흔히 여행을 갔을 때 빌리는 차나 숙소처럼 말이다. 우리는 본래 소유하고 있던 누군가로부터 나의 인생을 빌려와 쓰고 있는지 모른다.

애초에 인생이라는 문장의 시작과 마침을 내가 통제할 자격이 없다. 그렇기에 나는 그 문장을 어떤 단어와 표현으로 채워나갈지를 고민한다. 이는 내 인생을 어떻게 쓸지는 내가 결정할 수 있다는 것이다. 내가 살고 있는 삶은 누군가가 살고 싶은 삶일 수 있다. 타인이 쓸 수 있던 삶을 내가 대신 살고 있을 수도 있다. 그래서 내 인생은 누군가의 살고 싶던 인생까지도 함께 살아가는 것은 아닐까라는 생각을 하게 되었다.

이렇게 생각하자 지금의 이 인생에 대해 깊은 책임감이 들었다. 격무에 가까운 마케팅 일을 하면서도 계속 배움을 이어나가고자 하는 이유는 그렇게 빌려 쓴 삶의 가치를 크게 느끼고 있기 때문이다.

또한 삶을 빌려 쓴다는 감사함을 어떻게든 표현하고 보답하고 싶었다. 세상에 혁혁한 기여는 하지 못하더라도 내가 할 수 있는 작은 정성을 찾고 싶었다. 여전히 나는 못나고 단점도 많지만 그걸 좋게 바꿀 수 있다는 희망을 품고 싶었다. 내가 좀 더 가치 있는 일에 관심을 쏟고 노력하다 보면 나라는 사람이 온전해질 것만 같았다.

그런 마음으로 작게나마 실천하고 있는 나의 습관을 조심스레 공유하려 한다. 이 책을 통해 얘기하기는 조금 망설여지는 내용이지만 그 희망을 향한 습관에 함께 물들기를 바라며 적어본다.

소박한 마음을 공유하는 '월간 착한 일'

어떻게 살 것인가만큼 어떻게 좋은 일을 할 것인가는 늘 고민이다. 좋은 일은 그 자체만으로도 훌륭하지만 마음과 행동이 함께 나가야 의미가 있다고 생각한다. 마음이 따르지 않은 선행은 물리적인 행동일 뿐이다. 그러나 좋은 뜻을 한가득 담은 선행은 그 크기를 떠나 마음을 깊이 주고받는 정서적인 행동이 된다. 반드시 해야만 하는 숙제 같은 선행은 지속하기 어렵다. 하지만 온건한 마음에서 비롯된 선행은 오랫동안 그 행동을 유지할 수 있다.

나 역시 어떤 뜻을 품고 선행을 해야 할지 꽤 많은 생각을 했다. 매일 좋은 뜻을 품고 좋은 일을 하면 참 좋을 것 같았다. 그러나 현실적으로 불가능하다고 판단했다. 실천이 가능한 수준의 선행을 고민한 결과 한 달에 한 번, 좋은 일을 하기로 정했다. 물론 그보다 더 자주 좋은 일을 하면 금상첨화겠지만 매달 한 번은 꼭 좋은 일을 실천하겠다는 의지에서 그렇게 하기로 했다. 그리고 이 일을 가수 윤종신의 월간 프로젝트처럼 '월간 착한 일'이라고 이름 붙였다.

내 월간 착한 일은 참으로 어쭙잖다. 대표적인 게 기부다. 사실 기부라는 선행은 매우 전형적일 수 있기에 나는 조금 특별하게 하고 싶었다. 바로 음악으로 기부하는 것이다. 취미로 작사, 작곡, 녹음해서 낸 음악을 리스너들이 소정의 음원 요금을 지불하고 들으면 그 돈을 기부할 수 있다. 사실 비루한 실력에 인지도도 전무해서 음반 제작을 하면서 드는 비용이 더 많다. 하지만 적은 돈이라도 매달 발생하는 음원 수수료를 아이들을 위한 곳에 기부하고 있다.

사실 음악은 퇴근 후나 주말에 하는 취미 활동이었기에 재능이라 말하기엔 무리가 있었다. 그러나 이것도 내가 빌려온 작은 재능이라면 어떤 식으로든 돌려주었으면 좋겠다고 생각했다. 그리고 그 대상은 앞으로의 가능성을 가장 많이 품고 있는 아이들이었으면 했다. 특히 결손가정에서 자랐거나 태어날 때부터 장애가 있는 아이들은 재능을 맘껏 발휘하기 어렵다. 나는 따뜻한 부모님이라는 존재와 건강한 육체를 빌려 쓰고 있기에, 아이들에게 미안한 마음과 더불어 가능성이 현실이 될 수 있도록 소박하게나마 응원을 해주고 싶었다.

'인플루언서'는 이제 새로운 직업을 넘어 대세 직업이 되어가고 있다. 유명인 이상으로 그들의 팔로워에게 절대적인 영향력을 행사한다. 다양한 인플루언서만큼이나 마음을 전하는 인플루언서도 늘어났으면 좋겠다. 흥미로운 콘텐츠를 만들어 공유하는 것이 아니라 착한 뜻을 공유하고 확산시키는 사람들이 더 많아지길 바란다.

나는 아주 작은 마음을 전하지만 그 아이들에게는 영향을 미칠 수 있는 인플루언서일 수 있다. 그렇기에 단순히 기부라는 물질적 도움이 아니라 아이들의 인생을 지지하고 힘을 주는 게 중요하다고 생각한다. 빌려온 내 삶이 소중하듯 타인의 인생에 대해서도 소중하게 생각해야 한다.

'나만의 어워드'로 전하는 진심

해마다 연말이 되면 각종 방송사에서 꼭 방영하는 프로그램이 있다. 바로 해당 방송사의 스태프와 출연진을 위한 시상식이다. 그해 시청자에게 즐거움을 주었던 예능인이나 탤런트에게 공을 치하하고 인기 프로그램에 상을 주기도 한다. 이날

만큼은 1년 동안 방영했던 프로그램 관계자들이 모여 축제를 벌인다. 수상한 사람들의 눈물과 감격 어린 수상 소감도 들어 볼 수 있다. 그리고 앞으로 더 좋은 프로그램과 연기, 웃음을 선보일 수 있도록 독려하는 장이 된다.

나도 연말에 비슷한 행사를 연다. 바로 나만의 어워드다. 이 어워드는 1년 동안 내 삶에 큰 영향을 미친 분들을 선정해 선물을 드린다. 가족일 수도 있고, 친구나 함께 일하는 동료일 수도 있다. 또 얼굴 한번 제대로 뵙지 못하고 인사만 나눴지만 사무실의 내 자리를 청소해준 여사님들도 어워드에 오른다. 사실 수상 선물은 약소하기 그지없다. 음료수 한 박스, 책이나 핸드크림 등이다. 받는 분들이 가장 필요할 만한 것들을 떠올려 준비한다.

일일이 찾아뵙고 감사의 인사를 드리다 보면 오히려 감사를 전하는 내 마음이 따뜻해진다. 1년에 한 번쯤은 여며둔 마음을 풀고 진심 어린 표현을 전하기 때문인 것 같다. 또한 찾아뵙는 분들 중에는 내가 표현하는 감사 이상으로 기뻐하는 분들이 있어 뿌듯하기도 하다. 심지어 날 잘 몰랐지만 이번에 만나서 기억하게 되었다는 분도 있다. 성의의 표현은 참 소박하기 그지없는데 마음을 나누는 순간의 기쁨과 보람은 차고도 넘친다.

우리는 흔히 1년을 마무리할 때 지난 1년보다는 앞으로의 1년을 바라본다. 다가올 한 해에 대한 목표와 계획을 구상하려 한다. 그런데 한 해를 새로 시작하는 것만큼 잘 닫는 것도 중요하다고 생각한다. 그래서 나는 한 해를 잘 마무리하기 위해 혼자서 어워드를 꾸며보며 지난날을 돌아보려 노력한다.

그러다 보면 새삼스레 한 해 동안 참 많은 도움을 받았다는 사실을 깨닫는다. 또한 바쁘게 산다는 핑계로 그냥 지나쳤던 감사한 순간과 죄송한 순간들이 교차해서 떠오른다. 그 순간은 이미 놓쳤다 하더라도 감사한 마음을 놓칠 필요는 없다. 그동안 혹시라도 지나쳤던 마음이 있다면 한 해의 마침표 앞에서 마음껏 표현해봐도 좋을 것 같다.

마케터에게도
자격이 있나요?

요즘 우리는 자격증의 홍수 속에 살고 있다. 점점 더 복잡해지는 세상과 불안한 사람들, 불확실한 미래를 보여주는 증거다. 이런 때에 '자격'은 마치 혹시나 하는 마음의 보험과도 같다. 언젠가는 요긴하게 보상받을 수 있을 것 같은 나의 자산이 되기 때문이다. 이런 심리가 추세인지는 몰라도 참 다양한 자격증이 넘쳐나고 있다. 분야를 가리지 않고 민과 관에서 다양한 자격증을 만들어낸다. 종이접기부터 반려동물 관리까지, 전에는 자격이라 생각하지 못했던 것들에 자격의 타이틀이 붙고 있다.

세상에는 참 많은 자격증이 있다. 어떤 자격을 갖는 지가 곧 차별화된 나를 만드는 출발점이다.

• 자넷 홈페이지(www.janet.co.kr)

이런 상황에서는 어떤 자격이든 따놔야 할 것 같은 조바심이 든다. 남들이 다 따는 자격증을 나만 따지 못한다면 한참 뒤처진 것 같다는 느낌이 들기도 한다. 또 취업이나 이직에 도움을 주는 자격이 있다면 반드시 배워둬야 할 것만 같다.

나 역시 무엇이든 자격증을 가져야만 직성이 풀리는 일종의 자격증 컬렉터였다. 자격증을 가지고 있어야 진짜 자격이 있는 것처럼 안심이 되었고 '나는 이런 걸 할 수 있습니다'라고 말할 수 있을 것 같았다. 마케터를 꿈꾸던 학생 시절부터 입사 초기까지 수많은 자격증을 따다 보니 주변에서 종종 이런 질문들을 받기도 했다.

"대체 무얼 하려고 자격증을 땄어요?"

"왜 그렇게 다양한 자격증을 가지려고 합니까?"

하나는 자격증을 따는 목표와 기준에 관한 질문이고 다른 하나는 자격증을 바라보는 마음가짐에 관한 질문이라 할 수 있다.

사실 마케팅은 숙련된 기술을 바탕으로 하기보다 스스로 진화해가는 과정을 겪는다. 그래서 마케팅과 관련된 자격증도 부족하거니와 가이드조차 많지 않아 어려움을 겪는다. 좀 더 마케터로서 걸맞은 자격을 갖추고 싶었던 내가 어떤 마음으로 자격증을 땄는지, 여기에 공유하는 대답이 예비 마케터들에게 작은 도움이 되었으면 좋겠다.

자격에도 이유가 있어야 한다

취업을 앞둔 예비 졸업생들에게 자격증은 내가 우수한 인재임을 드러내는 수단이 된다. 이공계만 해도 전문 기술이 필요한 직종이 꽤 많다. 그렇다 보니 다양한 자격증을 보유한 전문가로서 당당히 취업하기도 한다. 금융계 역시 마찬가지다. 다양한 금융 관련 자격증은 금융회사에 매력적인 인재로 나를 증명하는 방법이 된다.

그런데 마케팅은 참으로 난감하다. 도대체 무슨 자격증이 있는지, 또 무엇을 따야 하는지 애매하기만 하다. 사실 예비 마케터들에게 중요한 것은 자격증 자체가 아니다. 그 자격증을 왜 땄는지에 대한 이유가 먼저여야 한다. 자격이 아니라 자격의 이유가 명확해야 한다는 것이다.

마케팅은 완성이 아닌 지속적 변화를 추구한다. 마케팅은 고정되어 있지 않기에 마케터 역시 정체되지 않고 늘 변화를 추구해야 한다. 그렇기에 자격은 변수가 없는 실체에 대한 인정이다. 자격증 자체가 중요하다기보다 마케팅을 위해 특정 자격을 획득하려는 이유가 분명해야 한다.

나는 논술 능력 자격증을 땄다. 참으로 뜬금없기 그지없다. 대입을 위한 논술 준비도 아니고 취업을 위한 논술 자격증이라니. 그런데 나는 논술 능력이 마케터에게 중요하다고 생각했다. 특히 마케팅과 광고를 설계하는 기획자에게는 필수라고 생각했다.

논술이란 말 그대로 논리적인 글쓰기다. 내 생각이 누군가를 설득할 수 있도록 텍스트화된다. 나는 이런 과정이 기획이라는 일과 참 유사하다고 생각했다. 기획서는 누군가를 설득하기 위해 내 생각을 논리적인 근거를 들어 글로 표현하는 것이기 때문이다.

이렇게 해서 이력서에 적힌 다소 특색 있는 자격은 면접관들에게 질문거리가 되었다. 면접을 보면 왜 논술 능력 자격증을 땄는지에 대한 질문이 주를 이뤘다. 그런 질문에 대한 대답은 곧 마케팅과 기획에 대한 내 생각을 소신 있게 표현할 기회가 되었다. 즉 자격증 자체가 아니라 자격증을 딴 이유가 나를 증명한 것이었다.

따라서 무슨 자격증을 따야 하는지 고민하기 전에 자신이 생각하고 있는 마케팅이라는 일의 본질과 형태를 생각해봐야 한다. 그에 따라 마케터로서 훈련과 학습에 도움이 된다고 생각하는 자격을 선택해야 한다. 자격증은 손안의 플라스틱 카드도, 뻣뻣하게 프린트된 상장도 아니다. 그것은 내가 마케팅을 바라보는 분명한 생각이며 관점이다.

새로운 가능성을 발견하는 자격 효과

이제 막 마케팅 업계에 발을 들인 마케터들도 업무에 도움이 되는 자격증을 고려하고 있을 수 있다. 마케팅 업무의 시야를 넓히고 역량도 키워보고 싶은데 무슨 자격증을 따야 할지 막막할 것이다. 솔직히 말해서 확실하게 도움이 되는 자격증이 아니고서는 선뜻 시작하기도 어렵다. 하루의 고단한 업무를 마치고 저녁이나 주말에 시간을 내서 공부하는 것은 꽤 독하게 마음을 먹어야 하기 때문이다. 직장인에게 자격증을 딴다는 건 많은 시간을 써야 한다는 말이다.

최근에는 마케팅과 관련된 자격증이 속속 생겨나고 있다. 인터넷에서 조금만 검색해보면 디지털 마케팅에 최적화된 자격증도 존재한다. 이런 자격을 따면 디지털 마케팅에 해박한 사람으로 인정받을 수 있을 것만 같다. 그런데 중요한 점은 마케터에게 자격증은 훈장이 아니라 도구여야 한다는 것이다. 자격증을 통해 자격을 갖게 되었으면 이를 어떻게 업무에 활용할지 고민이 선행되어야 한다. 내가 잘할 수 있는 영역과 결합해 나만의 차별적인 포트폴리오로 활용해야 한다.

즉 자격증은 내가 하는 일에 대한 업그레이드를 전제로

한다. 나의 부족한 점을 메우거나 내가 잘하는 걸 더 발전시킬 수 있어야 한다. 그래서 자격 자체는 무관해 보여도 마케팅과 결합해서 시너지를 내는 자격증도 있다.

예를 들면 사회조사분석사 자격증은 언뜻 마케팅과 관계가 없어 보인다. 그러나 사회 정보를 수집하고 분석해서 여론조사를 실행하고 결과를 활용할 수 있는 자격은 소비자 조사에도 활용될 수 있다. 이미 조사 업체에서 가공된 조사 결과 자료가 아니라 소비자 조사를 질문 단계에서부터 전략적으로 고민하고 설계해볼 수 있다. 또한 그 결과를 나만의 다양한 기준에 따라 분류하면서 의미 있는 문제점을 발견할 수도 있다.

개인적인 관심사나 취향으로 시작된 자격증도 일과 만나 새로운 세계를 열 수도 있다. 물론 취미는 여가의 일종이므로 일과 분리해 생각할 수도 있다. 그러나 취미가 자격이 된다는 건 취미를 넘어 전문성을 갖는 것이다. 이렇게 여가 생활인줄 알았던 자기계발이 마케팅을 만나 새로운 기회를 창출하기도 한다.

예를 들면 빵을 좋아해 제빵사 자격증을 땄는데 공교롭게 베이커리 관련 마케팅을 담당할 수도 있다. 자격증을 따면서 얻은 제품에 대한 이해와 산업 관련 정보가 마케터로서의 시야를 넓혀줄 수 있다. 이렇듯 자격증은 업무에 쏠쏠하게 쓰이는 도구가 되거나 마케팅 너머의 세계를 연결하는 다리가 되어야 한다.

마케터라는
꿈을 가진 이들에게

직업으로서 마케터를 꿈꾸는 사람들이 꽤 많은 것 같다. 마케터를 향한 그들의 마음은 누구보다도 절박하게 느껴진다.

이야기를 들어보면 마케터가 되기 위해 다양하고 지속적인 노력을 하지만, 한편으로는 마케터가 될 수 있을지 걱정되고 조급한 마음이 든다고 한다. 이 길이 맞는 건지, 내가 잘하고 있는 건지 많은 고민이 앞선다는 것이다. 누군가의 얘기에 쉽게 귀가 팔랑거리기도 하고 누가 마케터가 되었다는 소식을 들으면 자신은 부족한 게 아닌지 금방 자책감에 빠지기도 한다고 한다.

사실 요즘은 예비 마케터를 위한 강의가 많이 나와 있다. 학교뿐만 아니라 다양한 교육기관을 통해 접할 수도 있다. 실제 현업에 있는 담당자들이 멘토링을 해주는 커리큘럼도 있고 산학협동을 통해 마케팅 업계 취업을 돕는 프로그램도 있다. 또 예비 마케터가 직접 마케팅 학회나 동아리를 조직해서 마케팅 연구를 하기도 한다. 마케팅 업계에 먼저 취업한 선배의 노하우를 공유하는 커뮤니티들도 있다.

내 꿈에 귀를 기울이는 노이즈 캔슬링

마케팅과 관련된 여러 가지 정보와 조언을 듣는 것은 좋지만 너무 많은 얘기를 듣다 보면 나만의 기준이 무엇인지 헷갈릴 수도 있다. 사실 모두에게는 각자 다른 인생의 과제가 있다. 다른 사람에게는 정답이더라도 내게는 오답일 수 있다. 그러니 남들이 정답이라고 말하는 길을 추종하기보단 내가 하고자 하는 마케팅을 찾아 그에 맞는 명확한 꿈을 설정하고 그 답을 스스로 내보는 과정이 필요하다. 즉 자신에게 꼭 필요한 조언은 듣되 스스로 휩쓸리지 않도록 하는 '노이즈 캔슬링'을 해야 한다.

노이즈 캔슬링은 줄이 사라진 이어폰이 대세인 요즘 시대에 신세계 같은 이어폰의 기능 중 하나다. 이 기능의 핵심은 외부의 소음을 차단하는 데 있다. 음악 본연의 미세한 진동과 사운드까지 느낄 수 있게 하는 것이 목적으로 외부의 소리가 섞이지 않아서 음악에 대한 집중도를 높인다.

내 안의 명확한 목소리를 들으려면 스스로 노이즈 캔슬링을 가동하는 게 중요하다. 마케팅을 향한 열렬한 마음은 결국 내가 품은 것이다. 누군가 대신 품어주는 것도 아니고 오직 내가 바라고 원하는 것이다. 또한 그 꿈을 이루기 위한 방향 설정과 판단 역시 내가 내리는 것이다.

MBC 예능 프로그램 〈무한도전〉에서 선보인 곡으로 화제가 되었던 〈말하는 대로〉라는 곡에는 이런 가사가 있다. '주변에서 하는 수많은 이야기. 그러나 정말 들어야 하는 건 내 마음속 작은 이야기.' 마케터가 되겠다는 마음을 먹었다면 더는 주저하거나 망설이지 않아도 좋을 것 같다. 어차피 선택은 그 순간에 결정되는 것이 아니라고 생각한다. 선택은 순간이 좌우하는 것이 아니라 그 선택을 증명하는 시간으로 완성된다. 선택 그 자체보다 선택 이후에 지속되는 나의 노력이 중요한 것이다.

선택은 요행이 아닌 나의 의지와 결연함의 표현이다. 나 자신의 선택에 미안해지지 않도록 스스로의 가능성과 담대함을 믿는 것이 중요하다.

마케터라는 캐릭터, 스타일보다 레벨이 중요하다

마케터를 지망하는 학생들 중 마케팅에 관해서라면 전문가 수준의 해박한 지식을 가진 이들이 있다. 이들은 마케팅에 대한 높은 관심을 바탕으로 다양한 공부를 하기도 한다. 유명한 마케팅 사례를 달달 외우기도 하고 마케팅 관련 책들을 다독한다. 심지어 유명한 마케터의 강의를 찾아 듣기도 한다. 나아가 선배들의 마케팅 기획서를 구하기 위해 혈안이 되기도 한다. 공모전을 위해 무수한 밤을 새우고 화려한 공모전 수상 경력을 자랑한다. 최신의 트렌드에 누구보다 민감하게 반응하고 학습하려 애쓴다.

그런데 마케팅을 향한 이런 노력들이 마케터가 되기 위해 가장 중요한 준비 과정인지 고민해볼 필요가 있다. 이렇게 말하면 아마도 누군가는 마케팅에 푹 빠져서 열심히 노력하는 것만큼 중요한 게 어디 있느냐고 반문할지 모른다. 그런데 혹시 마케팅을 다음과 같이 생각하는 건 아닌가? 트렌드를 선도하는 멋진 아이디어나 촌철살인의 기획서 같은 것 말이다. 나아가 청중 앞에서 멋있게 PT를 하거나 내가 담당한 광고가 TV에 나오는 것도 있을 수 있겠다. 이는 마케팅의 아주 매력적인 모습이긴 하다.

그러나 막상 마케터가 되면 이런 기대가 무색할 만큼 다른 양상이 펼쳐질 수도 있다. 어쩌면 아주 사소하다고 생각했던 일들을 할 수도 있다. 정기적으로 시장 반응을 체크해 메일을 보내거나 판매 관련 자료 조사를 할 수도 있다. 이런 일들이 반복되다 보면 자신이 알고 있던 마케팅과 다르다는 생각에 일에 회의를 느끼고 자기가 기대했던 마케팅은 이런 것이 아니라며 다른 길을 찾으려 할 수도 있다. 오랜 기간 마케터라는 꿈을 품고 노력했는데 출발선에 잘못 선 것만 같은 느낌이 들 수도 있다.

나 역시 비슷한 경험을 했고 때론 자책하기도 했다. 사소하고 중요하지 않은 일을 하는 것 같아서 마케터로서의 길이 보이지 않는 것만 같았다. 그렇게 깊은 고민에 빠져 있을 때 한 선배가 이런 조언을 했다.

"네가 마케터라는 게임 캐릭터라고 생각해봐."

이 말은 마케터를 바라보는 내 태도를 다시 생각하게 하는 계기가 되었다. 그 말대로라면 갓 입사했던 나는 마케팅이라는 게임을 막 시작한 첫 번째 레벨의 플레이어인 셈이었다.

기초 레벨의 캐릭터에게 멋진 무기나 아이템은 없다. 그러나 게임의 여정을 통해 무기나 아이템을 모으며 성장한다. 마케팅도 마찬가지다. 자료 조사를 할 때도 그냥 모으는 것이 아니라 어떤 자료를 모아야 하는지 스스로 판단해가며 모아야 한다. 그리고 자료가 시사하는 바를 발견해야만 기획서에 활용되는 자료로서 가치가 있다. 또한 판매 추이를 지속적으로 체크하다 보면 시장의 문제점과 징후를 파악하는 시야를 확보할 수 있다.

즉 지금 하는 일이 사소하고 작은 것처럼 보이더라도 이는 하나의 단계로서 중요한 의미가 있다. 상상하던 마케터로서 일을 멋지게 해내기 위한 발걸음이기 때문이다. 지금 내가 경험하는 단계는 다음 단계로 나아가기 위한 중요한 토대가 된다. 마케터로 성장하는 여정에서 지금 하는 일의 가치는 나 스스로가 정하는 것이다. 오늘 하는 이 일이 나를 마케터로 성장시킬 자양분이라고 생각한다면 더 나은 내일의 나를 기대해볼 수 있다.

오직 나만을 위한 레이스

예비 마케터 중 자신을 '늦깎이'라 칭하는 학생들도 있다. 이미 주변의 친구들은 취업해서 직장을 다니고 있는데 자기만 늦은 것 같은 느낌이 든다는 것이다. 그리고 같이 마케터를 꿈꾸던 친구들도 취업 시기가 되면 취업이 가능한 다른 직종을 선택한다고 한다. 주변이 그렇다 보니 앞으로 계속 마케팅을 지망해도 되는지 망설여진단다. 여전히 마케팅이라는 꿈을 꾸어도 되는 건지, 혹여나 적성에 맞지 않는 건 아닌지 하는 노파심도 든다고 한다. 마케터가 되기까지 수많은 실패와 도전, 지리멸렬한 기다림을 계속할 수 있는지에 대한 고민인 것이다.

나는 누구나 자신만의 속도가 있다고 생각한다. 사회라는 세계에 다양한 사람이 존재하듯 자연에도 많은 동물이 존재한다. 가만 생각해보면 나무늘보는 결코 표범의 속도를 따라갈 수 없다. 그러나 나무늘보는 나무늘보대로, 표범은 표범대로 살아간다. 표범은 빠르게 이동하는 동물을 사냥하기 위해 빨라야 한다. 그러나 나무늘보는 열매를 먹기 때문에 느려도 생존에 지장이 없다. 이처럼 각자 생존하는 방식이 다르기에 누가 더 잘산다는 비교 자체가 무의미하다.

게다가 토끼와 거북이의 경주 같은 고전적 사례처럼 토끼가 거북이가 비해 확연히 빠르더라도 끊임없이 걸었던 거북이가 종국에는 승리하기도 한다. KFC의 마스코트이자 창업자인 할랜드 샌더스는 농장 인부부터 보험설계사까지 다양한 일을 했다. 그리고 카페를 창업했으나 매출 하락으로 사업을 접기도 했다. 그가 KFC를 창업한 시기는 그의 나이 65세 때였다. 창업 초기에는 미국 전역을 일주하며 체인점을 모집하기 위해 동분서주했다고 한다.

이처럼 지금의 속도가 내 인생 전체의 평균 속도는 아닐 것이다. 지금의 2~3년이 남들보다 뒤처진다고 해서 내 인생 전체가 2~3년 지각하는 것은 아니다. 마케터가 되기 위한 취업의 순간 말고도 우리에게는 무수한 인생의 관문이 있다. 또한 내 친구가 나보다 먼저 마케터가 되었다고 해서 나보다 더 성공에 가까워졌다는 보장도 없다. 인생이라는 긴 레이스를 달리다 보면 상황에 따라 빠르기도 하고 느릴 수도 있다. 비단 빠르게 질주하는 것만이 꼭 좋다고 말할 순 없다.

속도보다 훨씬 중요한 것은 바로 어디를 향해 가고 있느냐는 것이다. 잘못된 방향을 향했다면 아무리 빨리 달려도 소용이 없다. 도리어 다시 돌아가는 것이 더 힘들다. 조금은 느리더라도 지금 내가 가고자 하는 방향으로 정확하게 나아가고 있는지가 중요하다.

그래서 인생은 속도가 아니라 방향이라고 생각한다. 그 방향은 누가 지시하거나 강요하지 않는다. 내가 바라보고 찾는 것이다. 인생은 누군가와의 경쟁이 아니라 나 자신과의 경쟁이다. 나만의 속도로 자신만의 레이스를 했으면 좋겠다.

4

PART

일상에서 발견하는
생활의 힘

단점을 고치기보다
장점으로 커버하세요

우리는 단점을 극복하기 위해 끊임없이 노력한다. 내게 부족한 점, 개선해야 할 점을 찾아내고 채우고 고치려 한다. 그래서 MBTI 같은 성격 유형 검사를 하기도 하고 잘나가는 자기계발서를 탐독하기도 한다. 이렇듯 사람들은 자신을 발전시키고자 하는 욕구가 크다. 그런데 가끔은 내가 가진 단점을 그냥 내버려두면 어떨까? 가뜩이나 '아픈 이' 같은 단점을 고치겠다고 못살게 굴면 결국 힘들어지는 건 나 자신이다. 오히려 단점을 인정하고 받아들이며 인간적인 매력을 어필할 수도 있지 않을까?

단점을 개선하는 것보다 중요한 건 내게 있는 더 많은 장점을 발견하는 일이다. 즉 나의 다양한 장점들로 단점을 상쇄하는 것도 방법이다. 물론 조금만 신경 써서 보완할 수 있는 단점이라면 개선해도 좋다. 그러나 아무리 애를 써봐도 도저히 개선할 수 없는 단점이 있다. 성장 환경 속에서 스스로 고쳐보려 노력했는데도 참 녹록지 않다. 마음만 굳게 먹으면 고칠 수 있을 것 같다. 그러나 다짐만으로 단점을 개선할 수 있었다면 인간은 후천적 노력으로 모두 완벽해질 수 있었을 것이다.

사실 좀 억울하게 느껴지는 단점도 있을 수 있다. 살면서 한 번도 단점이라고 생각하지 못했던 내 성격과 취향이 상황에 따라 단점이 되기도 한다. 수십 년 동안 아무 탈 없이 잘 살아왔는데 생각도 못 한 결정적 순간에 나를 무너뜨리는 치명적 단점이 되기도 한다.

특히 변화무쌍한 환경 속에서 일하는 마케터에게는 그런 순간들이 더 자주 찾아오는 것 같다. 하지만 마케터 역시 고유한 기질을 지닌 한 개인이다. 남들보다 좀 더 트렌드에 해박해야 한다고 해서 내 모든 특성이 시대를 앞서갈 순 없다. 나 역시 마케터로 일하며 못난 내 단점들 때문에 끙끙 앓았던 순간들이 꽤 많았다.

나는 하자 많은 사람

앞서 얘기했던 것처럼 나는 커피를 마시지 못한다. 커피를 마시면 잠을 못 자고 심장이 두근대며 속이 쓰리다. 차는 즐겨 마시는 걸 보면 단순히 카페인 문제는 아닌 것 같다. 사실 커피를 못 마시는 것에 대해 크게 개의치 않았다. 세상에 커피를 못 마시는 사람이 나 하나는 아니니까. 게다가 커피를 마시고 싶다는 생각이 든 적도 없었다. 그런데 커피를 못 마시는 게 결정적 문제가 되었던 적이 있었다. 커피전문점 브랜드 투썸플레이스의 광고 캠페인을 담당하게 되었던 것이다.

커피 무지렁이였던 내게 클라이언트 신규 OT 미팅은 그야말로 신세계였다. 로스팅이며, 플랫 화이트며, 커피와 관련된 생소한 용어들이 폭죽처럼 머리 위로 팡팡 터졌다. 모르는 얘기일수록 남들이 끄덕일 때 함께 끄덕이는 눈치 내공만 늘어났다.

사실은 더 큰 문제가 있었다. 주요 커피 관련 용어나 개념, 소비자 트렌드는 공부를 하면 된다. 그런데 과제가 신규 커피 제품의 특장점을 찾는 것이 핵심이었다. 즉 커피를 직접 마셔보며 전략과 아이디어를 고민해야 했던 것이다.

촌스럽게 며칠을 끙끙 앓았다. 솔직하게 클라이언트에게 '폭탄 발언'을 해야 할까? "저는 커피를 마시지 못합니다."라고? 커피를 못 마시는 마케터는 필요 없다고 하지 않을까? 생각만 해도 눈앞이 캄캄했다. 한편으로는 자기 위안 같은 생각도 했다. '그럼 엄청난 고가의 자동차 광고는 다 타보고 광고하겠어?' 스스로 묻고 답하고 망설였다. 그렇게 시간이 흘러 캠페인 제안 준비는 계속 진행되었다. 그때마다 '커피 좀 마셔본 척'하는 나에 대한 죄책감이 눈덩이처럼 불어났다.

그러던 중 캠페인 준비를 하면서 새로운 얘기를 클라이언트에게 들었다. 투썸플레이스가 티^{tea} 라인업을 확충하고 마케팅을 강화하려 한다는 내용이었다. 세상에 좌절하란 법은 없구나. 희소식이었다. 평소에 커피를 못 마시는 대신 티를 즐겨 마셨기 때문이다. 그만큼 여러 가지 티 제품을 구매하고 마셨으며 여행을 가면 외국의 다양한 티를 사서 마셔보기도 했다. 그러면서 남들이 마시지 않는 티들도 과감히 도전했다. 나름 티에 대한 경험이 있다고 생각했는데 본격적으로 티를 마케팅할 계획이 있다? 어쩌면 지금의 커피 지옥을 티 천국으로 전환할 수 있는 모멘텀이 될 것만 같았다.

단점의 대안이 곧 장점이다

당시 가장 피하고 싶었던 상황은 '대책 없는 선언'이었다. "저는 커피를 못 마십니다."라고 고백했다고 치자. 그러면 누가

이 사태를 해결해줄까? 내 체질은 죄가 없으니 담당자를 교체해달라고 할까? 혹은 나 대신 마셔줄 대리인을 구할까? 비즈니스는 철저히 비즈니스다. 한계에 대해서는 명확히 말하되 그 한계를 돌파할 수 있는 명확한 대안을 제시해야 한다. 무책임하게 '저는 이래요'가 아니라 '저는 이렇지만 이런 방법이 있을 수 있습니다'를 얘기하고 싶었다.

그때 문득 생각난 것이 있었다. 티를 좋아하다 보니 티 소믈리에 자격증이 있다는 걸 어렴풋이 알고 있었다. '그래, 이참에 티 소믈리에가 되어보자!' 무작정 도전장을 던졌다. 과감히 한국 티 소믈리에 협회에서 주관하는 티 소믈리에 자격 과정을 신청했다. 당장 평일 저녁반에는 자리가 없었기에 토요일과 일요일에 무려 8시간씩 수강해야 하는 주말반을 등록했다. 빠른 시일 내에 자격을 따고 당당히 '커피 불가!'를 외치고 싶었다.

4개월의 과정은 참 길고 길었다. 사실 말이 4개월이지 두 계절의 주말이 송두리째 사라졌다. 자격을 따기 위해서는 필기시험과 두 종류의 실기시험 모두 과락이 없어야 했다. 그리고 자격에도 단계가 있어 내가 따려 했던 레벨은 이 전체 시험 과정을 두 번 패스해야 했다. 떨어지면 재응시해야 하는데 수업료만큼이나 시험 응시료도 만만치 않았다. 티를 좋아하는 마음은 멜로드라마였지만 공부해야 하는 현실은 실로 블록버스터였다.

함께 듣는 수강생들은 주로 카페를 운영하는 사장님이거나 음료 업계 종사자들이었다. 달랑 티를 좋아한다는 마음만으로 신청한 내가 참 초라하게 느껴졌다. 폐는 끼치지 말아야겠다는 마음으로 달려들었다. 그러나 역시 취미는 취미일 뿐이다. 본격적으로 공부를 하려니 죽을 맛이었다. 야근을 마친 후 집에 와 여러 종류의 티를 마시며 물배를 채워야만 했다. 도대체 왜 티가 다 거기서 거기인 것 같은지. 섬세한 미각을 갖지 못한 자신을 원망하기도 했다.

그러던 중 수업을 함께 듣던 카페 사장님과 점심을 먹게 되었다. 우연히 듣게 된 사장님의 얘기는 꽤 충격이었다. 카페를 운영하지만 카페인이 위험한 체질이라 티도, 커피도 못 마신다고 했다. 나는 자연스레 질문할 수밖에 없었다.

"그럼 티 소믈리에 과정은 왜 들으시죠? 손님들에게 제공하는 커피나 티의 퀄리티는 어떻게 체크하세요?"

그때 사장님의 대답은 나의 뒤통수를 강타했다.

"마시지 못한다고 테이스팅을 못 하는 건 아니잖아요."

그렇다. 사실 마시지 못한다고 맛을 느끼지 못하는 건 아니다. 오히려 마시지 않기에 온전히 미각에 집중할 수 있다.

사실 미각이라는 건 개개인 형질의 특성을 넘어 훈련의 과정이 필요하다. 내가 느끼는 다양한 미각의 지점을 스스로 경험하고 분류하는 것이 중요하다.

티 소믈리에 과정을 통해 티를 반복적으로 마셔보면서 다양한 미각적 경험들이 차곡차곡 누적되었다. 음료를 마시더라도 전과 다르게 맛의 분별이 가능해진 것이다. 유레카! 커피를 마실 순 없어도 미각으로 분석할 수 있다는 자신감이 생겼다.

이미 준비하고 있던 광고는 선을 보인 지 오래였다. 그러나 다음 광고 캠페인을 위해 새로운 제안을 준비해야 하는 상황이었다. 신규 과제인 커피를 테이스팅하며 티를 공부한 경험을 십분 살려봤다. 혀를 조이는 쨍한 쓴맛은 날카롭다. 그러나 둥글둥글한 쓴맛은 달콤한 디저트와 잘 어울린다. 이런 미각의 복합성이 양극에 있는 듯한 맛에 매력을 느끼게 한다. 마침내 'Bittersweet'이라는 새로운 콘셉트를 직접 제작한 캠페인 송과 함께 제안했다. 그리고 꾹꾹 묵혀두었던 비밀을 그제야 고백했다. 진즉에 말씀드리고 싶었지만 먼 길을 돌아 여기까지 왔다고 담담하게 말했다.

뜬금 고백에 클라이언트는 적잖이 놀란 눈치였지만 그간의 노력을 가상하게 여겨주었다. 단순히 담당자로서 커피를

티 소믈리에 자격 과정을 위해 공부하던 때의 모습.
단점을 장점으로 상쇄하려는 마음가짐이 행동하는
실천을 만든다.

마실 수 있느냐는 그다지 중요하지 않다며 그럼에도 불구하고 브랜드에 대한 애정을 갖고 노력해줘서 고맙다고 했다. 물론 티 소믈리에 자격증에서 나온 제안이 클라이언트에게 얼마나 큰 도움이 되었는지는 모르겠다. 그러나 클라이언트의 마음을 움직인 정서적인 대안이 된 것 같기는 하다. 단점을 포개는 장점, 그 장점을 더욱 키우고자 노력한 일이 내가 더 나은 사람이 될 수 있다는 희망의 단초가 되었다.

사소한 '못남'보다 빛나는 '멋짐'

여러 가지 상황에서 치열하게 고민하며 여기까지 왔지만 여전히 나는 단점투성이라는 생각이 들곤 한다. 마케터에게는 단점이 직업병처럼 다가오는 것만 같다. 늘 새로운 영역의 비즈니스를 접할 때마다 증상이 두드러진다. 그때마다 안 그런 척하며 나를 포장하고 싶지는 않았다. 내가 경험해본 적 없다고, 나와 맞지 않는 거라고 처음부터 포기할 필요는 없다고 생각했다.

나는 나로서 존중받아야 한다. 그리고 본연의 나를 과감히 드러낼 때 단점의 표면 아래 숨겨진 장점의 힌트가 보인다. 그 장점을 꺼내어 올릴 때 비로소 단점이 상쇄될 수 있다.

그렇다고 무작정 단점을 인정하고 싶지도 않았다. 단점을 내버려두거나 관대하게 대하고 싶은 것도 아니었다. 나의 취약점을 나 스스로 포기해버리면 함께 일하는 누군가가 메워야 했다. 그것은 더욱 내 단점을 수면 위로 올리는 일이다. 따라서 어떻게든 단점을 무색하게 할 대안을 찾는 게 급선무였다. 그렇게 찾아낸 기회 같은 장점들로 단점을 상쇄하는 것이 훨씬 나은 돌파구라고 생각했다.

게다가 내가 찾은 장점들은 노력하면서 더욱 탄탄해지기도 했다. 단점은 내버려둔다고 퇴보하지 않지만 장점은 내버려두면 평범해질 수 있다는 생각이 들었다. 단점은 경쟁하지 않지만 장점은 경쟁할 수 있기 때문이다. 내 장점이 더 날카롭게 기능하려면 꾸준히 진화시켜야 했다. 그리고 그 진화된 장점은 내 단점을 사소하게 만들 것이다.

무수한 단점만큼이나 내 안에는 아직 내가 찾지 못한 무수한 장점이 있다고 믿고 싶다. 나처럼 못남보다 멋짐을 찾아가는 마케터들이 많기를 기대해본다.

취미와 일의
발랄한 컬래버레이션

어느 순간부터 워라밸이라는 말은 직장인에게 중요한 기준이
되었다. 워라밸은 기본적으로 일과 생활을 분리하는 데서 출
발한다. 일을 여가와 철저히 나누고 싶은 심리에서 비롯된 것
이란 생각이 든다. 때론 여가를 위해 일한다고 생각하며 일의
시간이 여가의 시간을 침해하지 않기를 바란다. 심지어 내가
좋아하는 취미 생활을 할 수 있는 '덕생'을 위해 부담스러운
노동이라는 '혐생'을 감내한다고 생각한다. 보상과 상관없이
일에 몰두하는 워커홀릭은 '극혐'이라고 생각하기도 한다. 일
을 취미로 한다는 건 상상도 할 수 없을 것만 같다.

본래 일이라는 건 불편하다. 속성 자체가 노동이기 때문이다. 일을 즐겁게 하고 싶다고 하지만 실제로 즐겁게 하고 싶은 사람은 드물다. 또한 즐거운 마음으로 일을 시작하더라도 여러 가지 상황에 영향을 받아 그 일이 싫어질 수도 있다. 그렇기에 일과 취미가 상호 작용하기란 쉽지 않다.

감히 일이 나의 신성한 여가에 때를 묻히는 것을 용납할 수 없다. 취미는 일로부터 자유로워지는 해방구가 되기 때문이다. 그렇다 보니 일을 통해 번 돈을 취미에 쓰는 것이 자연스러운 흐름이 된다. 즉 취미를 위해 일을 한다고 해도 과언이 아니게 된다.

그런데 곰곰이 생각해보면 일과 취미의 경계는 우리 스스로가 긋는 것 같다. 사실 취미가 일에 적용되면 좋은 점도 있다. 우선 일을 대하는 자세가 달라질 수 있다. 자발적으로 일하려는 동기가 생기기 때문이다. 내가 좋아하는 취미가 일을 만나면 일종의 애착이 생긴다. 일을 하지만 마치 취미를 누리는 것과 같은 즐거움이 된다.

그러다 보면 일을 대하는 태도가 수동적인 자세에서 적극적인 자세로 바뀌기도 한다. 일하면서도 취미를 함께 하는 것 같아 자신에게도 긍정적인 영향을 미친다.

또한 취미와 일의 결합은 기대 이상의 시너지를 발휘하기도 한다. 우선 취미를 통한 나의 개인적 발전과 일의 발전이 동시에 이루어질 수 있다. 취미로서 소장하던 재능이 일을 만나 새로운 역량으로 승화된다. 게다가 내가 즐겨 하고 잘하는 취미와 일이 결합되면 나만의 입체적인 능력이 생긴다. 단순히 일에 대한 실력 외에 다른 재능이 있는, 재기 발랄한 사람으로 차별화되는 것이다. 그리고 프로젝트의 특성에 따라 나만이 창출할 수 있는 독창적인 사례를 만들어 나만의 노하우를 남길 수도 있다.

마케터와 아티스트의 교집합

학창 시절부터 시작된 오래된 취미가 있다. 바로 음악이다. 음악 듣는 것을 워낙 좋아하다 보니 내가 직접 부르고 만들어야겠다고 생각했다. 랩 스킬과 작곡 방법을 배우기 위해 개인 과외를 받았고 나중에는 마음이 맞는 친구들과 의기투합해서 팀을 만들었다. 우리는 랩부터 작사, 작곡, 편곡, 코러스까지 함께 작업했다. 우리만의 작업실을 만들고 합주하며 노래를 만들어 앨범도 내고 작은 공연도 열었다. 낮에는 일, 밤에는 음악을 하는 '주경야음'의 생활이었다.

그러다 스포츠 브랜드인 아식스의 마케팅을 담당하게 되었다. 당시 워킹화 열풍이 불던 시기여서 착화감을 앞세운 아식스 워킹화를 홍보하게 되었다. 무엇보다 신어보고 걸어보는 게 중요했고 그러기엔 음악만큼 좋은 홍보 수단도 없다고 생각했다. 햇살 좋은 날에 이어폰을 끼고 걷는 모습 자체가 힐링 코드인 것 같았다.

문득 그렇게 걷는 모습을 아식스만의 노래와 함께 뮤직비디오라는 콘텐츠로 알리면 좋을 것 같다는 생각이 들었다. 스타 작곡가를 기용해서 멋진 노래를 만들면 좋으련만 마케팅 예산을 효율적으로 집행하는 것도 중요했다. 그래서 클라이언트와 함께 하는 식사 자리에서 나의 취미 생활에 대해 슬쩍 얘기를 꺼냈다.

"제가 아식스 워킹화를 위한 노래를 만들고 불러보면 어떨까요?"

놀랍게도 클라이언트는 흔쾌히 허락했다. 사실 음악적 역량에 대한 기대보다는 마케터가 본인의 취미를 가지고 뭔가 시도해보려는 용기를 가상히 여겼던 것 같다. 아직 실력이 미천하니 작곡 선생님과 함께 작업하며 작사와 작곡을 했고 캠페인 송을 만들었다. 낮에는 일, 밤에는 음악을 만드는 빡빡한 여정이 계속되었다. 야근으로 귀갓길이 늦어질 때도 많았지만 새로운 노래를 생각하느라 다른 생각이 들지 않았다. 주말에는 밖에서 직접 걸어보며 영감을 받아보려 노력했다. 그렇게 해서 봄날의 기분 좋은 풍경과 걸을 때의 섬세한 감정들을 표현한 가사와 경쾌하고 발랄한 멜로디를 만들었다.

그리고 좀 더 판을 크게 키워보기로 했다. 아식스 광고 모델분에게 노래를 부탁드렸다. 무슨 깡이었는지 모르겠지만 모델분의 예쁜 목소리에 내가 랩 피처링을 했다. 그리고 알고 지낸 피디님과 감독님에게 SOS를 보내 함께 영상을 기획하고 뮤직비디오를 만들었다. 몸은 고단했지만 노래와 뮤직비디오를 만드는 일은 정말 행복했다.

마침내 아식스의 SNS를 비롯해 주요 음원 사이트에 뮤직비디오를 공개했다. 두 곡의 캠페인 송 중 한 곡은 주요 음원 사이트 TOP 100에 며칠 동안 머물렀고 실시간 1위를 기록하기도 했다. 아식스 워킹화는 간접 홍보 효과를 누릴 수 있었다. 나의 소소한 취미가 일을 통해 효과를 거두어 상상 이상의 큰 보람을 느꼈던 경험이었다.

무전기 대신 든 마이크

아식스 워킹화 캠페인 송이 작은 성공을 거둔 후 또 다른 프로젝트를 준비해야 했다. 바로 소비자가 참여하는 러닝 행사였다. 당시에는 주요 스포츠 브랜드에서 러닝 행사를 경쟁적으로 많이 개최했다. 10킬로미터 남짓의 단거리를 달리고 아티스트의 공연을 보는, 일종의 엔터테이닝 성격이 다분한 행사들이 많았다. 러닝을 취미로 하는 사람들이 많아지면서 러닝 문화의 저변 확대와 더불어 브랜드 경험을 하게 한다는 취지였다. 아식스 역시 브랜드의 차별성을 위해 러닝 대회 행사 개최를 고민했고 오랜 준비 단계를 통해 '아식스 쿨런'이 탄생했다.

아식스 쿨런은 말 그대로 러닝의 '쿨함'을 강조한 행사였다. 달릴 때 느껴지는 시원한 바람과 경쾌한 발 구름이 만들어내는 물성적 쿨함도 중요하지만 가장 기본적인 운동이면서도 뛰는 것에 가치를 둔 사람들의 정서적 쿨함도 포함되어야 했다. 그래서 뛰는 거리보다는 러닝의 즐거움을 주는 데 주력하고자 풍광이 좋은 남산 근처의 산책로 7킬로미터를 뛰는 것으로 협의했다.

러닝 후에는 인근 반얀트리에서 풀파티를 진행해 러닝 행사로서 차별성을 두고자 했다. 한껏 뛰고 온 사람들에게 진짜 쿨함을 시원한 물과 함께 느끼고 마음껏 놀 수 있는 공간을 마련한 것이다. 다양한 수중 레크리에이션 이벤트와 공연 프로그램으로 전체 행사의 얼개가 구성되었다.

행사의 전체적인 기획은 완성되었지만 예산 자체가 마냥 풍족하지는 않았다. 모든 행사뿐만 아니라 마케팅 프로모션이 그렇듯 행사는 효율성을 기반으로 한다. 한정된 자원 내에서 다채로운 프로그램으로 참여자들에게 풍성한 경험을 할 수 있게 해줘야 했다.

여러 가지 세부 프로그램들이 기획되었고 그중 가장 핵심적인 프로그램은 공연이었다. 유명한 아티스트를 섭외하면 좋겠지만 당시 부대비용으로 예상 외 지출이 있었던 터라 공연 섭외비로 배정된 예산이 거의 없었다. 이런 상황에서 기획자로서 공연에 대한 부분을 어떻게든 해결해보고 싶었다. 아티스트 두 팀을 수배하긴 했지만, 현실적으로 공연 프로그램을 다 채우기는 어려웠다. 좀 더 다채로운 라인업이 구성되어야만 했다. 한참을 고민하는데 클라이언트 상무님이 불쑥 이런 말을 꺼냈다.

"곡도 만들었으니 이제 공연도 해보면 되겠네."

결국 나를 비롯해 함께 음악을 하는 팀이 공연을 맡게 되었다. 음악을 업으로 하는 아티스트나 행사에 참여하는 소비자들에게 민폐가 되지 말자는 생각뿐이었다. 또한 믿고 맡겨준 클라이언트 행사에 누가 돼서는 안 되었다. 그날부터 출근하면 행사를 기획하고 퇴근하면 공연 연습을 하는 일과가 무한 반복되었다.

드디어 행사 날, 나는 스태프 옷을 입고 행사의 전체 운영을 감독하다가 공연 시간이 가까워졌을 무렵 옷을 갈아입었다. 그리고 무전기를 내려놓고 마이크를 들고 공연을 했다. 다행스럽게도 행사는 잘 마무리되었다.

생각해보면 내 취미는 어디 내놓기에는 한참 부족한 실력이다. 그래도 취미를 기반으로 취향을 발휘하며 기획을 하다 보니 어느새 일로 연결되었다. 물론 낮에는 사무실에서 일하고 밤에는 음악을 만들며 공연을 준비하는 건 쉽지 않았다. 육체적으로는 피곤하고 힘든 순간도 있었다. 그러나 일에 취미가 녹아들면서 마음만큼은 그 어느 때보다 신나게 캠페인 송과 행사를 준비할 수 있었다.

솔직히 말해서 클라이언트의 입장에서는 마케터가 만든 캠페인 송과 행사의 공연이 전체 마케팅 성과에 큰 도움이 되리라 생각하지는 않았을 것이다. 다만 비루한 재능마저 쏟아내려는 담당자의 치기 어림을 마음으로 받아주었던 것 같다. 일을 취미처럼, 취미를 일처럼 즐길 수 있었기에, 담당했던 프로젝트에 더욱 열과 성을 다할 수 있었다. 일과 취미가 자연스레 섞여 일상의 다채로움을 가져다준 순간이었다.

일을 했을 뿐인데,
덕후가 되었습니다

마케터는 다양한 제품을 마케팅한다. 제품 중에는 내가 사용했던 친숙한 제품도 있고 전혀 경험해보지 못한 제품도 있다. 마케터라고 해서 세상에 존재하는 모든 재화나 서비스를 경험할 순 없는 노릇이다. 내가 모르는 제품이라고 마케팅을 포기할 수도 없다. 친숙하지 않은 산업과 영역이어도 솔루션을 위해 기획하는 일은 지속되어야만 한다.

그러기 위해서는 비록 '수박 겉핥기'여도 직접 체험하고 학습하고 식견을 높이기 위해 노력해야 한다. 물론 담당하는 마케팅 대상의 모든 정보를 알기는 어렵다. 그러나 기본적인 배경지식과 이해를 바탕으로 해야 더 좋은 기획과 솔루션을 낼 수 있다.

마케터에게는 새로운 업종을 담당한다는 것이 늘 도전이 된다. 그 도전이 성공할 수도 있고 실패할 수도 있다. 다만 도전의 성공 여부와 상관없이 좋은 점이 있다. 특정 업종에 대한 마케팅 경험은 단순히 마케팅뿐만 아니라 업종에 대한 지식 측면에서 쏠쏠한 자산으로 남는다. 가령 보험 컨설턴트가 읊어준 보험약관이 처음엔 온통 외국어 같아도 보험 관련 마케팅을 담당하고 나면 이해하는 수준이 달라진다. 그래서 다양한 업종을 마치 도장 깨기 하듯 하나둘 배워가는 것도 마케터에게는 좋은 경험이 된다.

한편으로는 보람이라는 정서적 만족을 넘어 새로운 가능성을 발견하기도 한다. 특정 업종을 마케팅하다 보면 자연스레 그 업종에 대해 배우기도 하지만 개인적으로 관심이 갈 때가 있다. 그러면서 더 전문적으로 배우고 싶다는 생각이 들기도 한다. 특정 업종에 대해 전문성을 갖는다는 건 마케터의 역할을 넘어선 또 다른 도전이 될 수 있다. 마케팅의 전문가에 머무르는 것이 아니라 또 다른 분야의 전문가로 확장되는 것이다. 마케터로 점철되었던 내 인생의 포트폴리오가 다양해질 기회가 아닐 수 없다.

일을 통해 발견한 새로운 '맥주 세계'

마케터 외에도 나를 수식하는 단어가 하나 더 있다. 바로 '비어 소믈리에'(맥주 감별사)라는 타이틀이다. 마케터가 난데없이 비어 소믈리에라니, 의아할지도 모르겠다. 나는 마케터 외에도 비어 소믈리에로서의 일상을 보내고 있다. 소소하게 맥주를 즐기는 것을 넘어 전문적으로 맥주를 공부했고 지금도 하고 있다. 물론 맥주 관련 자격증은 마케팅과 전혀 관련이 없어 보인다. 왜 하필 맥주 관련 자격증이었을까?

고백하건대 나는 술을 잘 마시지 못한다. 이른바 '알코올 쓰레기'다. 그렇다 보니 자연스레 소주, 와인, 양주 같은 고도주高度酒는 멀리하게 되었다. 술자리에서는 맥주를 시켰고 점점 맥주 맛에 대한 경험이 쌓여 맛있는 맥주를 찾아 먹기 시작했다. 여행을 가면 일부러 해당 지역의 유명 브루어리를 방문해서 맥주를 마셔보기도 했다. 이렇게 하다 보니 맥주에 대한 나름의 취향이 생겨났다.

맥주에 대한 취향이 공고해질 무렵 공교롭게 맥주 브랜드 카스의 마케팅을 담당하게 되었다. 카스는 우리나라의 대표 국민 맥주답게 국내 소비자에게 맞는 다양한 마케팅 전술을 펼쳐왔다. 단순히 취하기 위해 마시는 맥주가 아니라 젊은 층과 소통하고 함께하는 브랜드로서 다양한 문화 활동을 전개했다. 또한 트렌드를 견인하기 위해 다채로운 콘텐츠를 만들기도 했다. 맥주에 어울리는 스포츠 마케팅을 준비하고, 2만여 명이 넘게 운집하는 카스 블루 플레이그라운드라는 대형 음악 페스티벌도 진행했다.

이런 다양한 활동 중에 카스는 맥주 맛에 대한 캠페인을 전개하기로 했다. 한국 맥주는 맛이 없다는 소비자들의 인식이 팽배했던 시기였다. 한국의 대표 맥주 브랜드로서 소비자의 인식을 개선하고 싶었던 것이다. 여기에 클라이언트는 유명 요리사 고든 램지의 방한을 전격적으로 성사시켰다.

고든 램지의 방한은 세계적으로 화제가 될 뿐만 아니라 매우 전략적인 판단에서 나온 것이었다. 램지는 맥주를 만들진 않지만 요리를 만들고 맛을 추구한다. 이를 바탕으로 한국 맥주가 한국 음식에 잘 어울린다는 페어링(마리아주Mariage)을 주장하고자 한 것이다. 카스는 라거 맥주이기에 비열처리 공법으로 신선하게 느껴지는 청량감이 맵고 짠 한국 음식과 잘 어울린다는 메시지로 캠페인을 전개하고자 했다.

마케팅의 독특한 접근을 떠나 나는 이 캠페인을 바라보며 맥주 맛의 중요성을 새삼스레 느꼈다. 단순히 맥주 마케팅이 아니라 맥주 자체의 특성과 본질을 아는 것도 꽤 재미있을 것 같다고 생각했다. 그리고 최근 수제 맥주들이 등장하면서 맥주 시장이 한창 성장하고 있었다. 성장세의 업종을 알아가는 것은 도움이 되리라고 생각했다. 또한 맥주를 즐겨 마시니 이왕이면 제대로 알고 마셔보겠다는 마음도 있었다. 쉽지 않겠지만 티 소믈리에도 해냈다는 자신감으로 또다시 도전의 의지를 다졌다. 그리고 과감히 비어 소믈리에 자격 과정을 신청했다.

'알코올 쓰레기'가 '비어 소믈리에'가 되기까지

예상대로 맥주 소믈리에를 수강하는 분의 대다수는 맥주 업계 종사자들이었다. 맥주 업계에 종사한다는 건 단순히 나처럼 마케팅에 관여한 수준이 아니었다. 실제 제조 및 연구, 유통 등 맥주 자체에 대한 이해도가 훨씬 더 높은 사람들이었다. 맥주 양조자에서부터 맥주 유통업자, 펍 운영자, 비어 서버까지 실로 다양했다. 당연히 맥주에 대한 지식이 엄청나게 많은 분들이었다. 달랑 맥주 마케팅을 조금 경험하고 맥주를 즐겼던 나는 말 그대로 '쪼렙'이었다. 엄청난 위축감과 부담감이 강의 첫날부터 몰려왔다.

집약적인 과정의 특성상 회사 업무를 병행하며 수강할 수밖에 없었다. 주말 시간 강의를 최대한 활용하되 불가피한 평일 강의는 연차를 내며 수업을 들었다. 솔직히 말해 비어 소믈리에 수업은 티 소믈리에 수업에 비견할 수 없는 고통이 따랐다. 티는 카페인이 있기는 하지만 많이 마시더라도 크게 몸에 영향을 미치지 않는다. 그러나 이번엔 술이라는 걸 간과했다. 비어 소믈리에 과정에서 내가 결정적으로 힘들었던 이유는 바로 약한 주량이었다.

자격을 획득하기 위한 시험은 이론과 실기가 있었다. 이론은 맥주에 대한 역사, 종류, 양조법, 기기 등에 대한 전반적 지식이었고 실기는 맥주 스타일을 구분해내는 시험과 특정 맥주를 소믈리에로서 소개하는 프레젠테이션 등이 있었다. 사실 이론은 수업을 열심히 듣고 복습하고 외우면 된다고 생각했다. 문제는 시음이었다. 아무리 테이스팅으로 조금만 마신다고 하더라도 여러 맥주를 마시다 보면 취할 수밖에 없었다.

게다가 저녁도 아닌 아침 10시부터 무수한 종류의 맥주를 시음해야 했다. 다양한 종류의 맥주를 구분해내기 위해서는 어쩔 수 없이 계속 마시며 감별하는 방법밖에는 없었다. 술 깨는 약과 간에 도움이 되는 약을 챙겨가서 물과 함께 수시로 먹어도 소용없었다. 아침부터 얼굴이 벌게진 채로 수업을 들었다. 가뜩이나 맥주는 거기서 거기 같은데 얼큰하게 취하니 맛이 더 헷갈렸다. 맛을 섬세히 지각해야 하지만 취해서 감각이 둔감해지다 보니 명확히 구분해내기가 힘들었다.

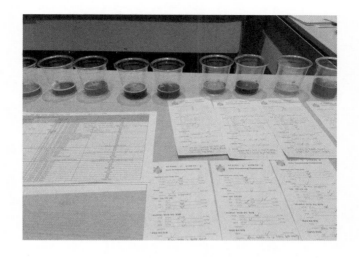

맥주 소믈리에로서 맥주 심사를 위해 공부하던 때의
모습. 일을 통해 만난 새로운 세계가 풍요로운 일상
을 선사한다.

사실 다른 대안은 없었다. 맛을 지각하고 구분해낼 때까지 반복적으로 시음하는 것만이 유일한 방법이었다. 쓰린 속을 부여잡으며 해장하고 마시고 해장하고 마셨다. 맛 감지가 안 되는 맥주들은 클래스메이트들에게 팁을 얻으려 했고 강의하는 선생님을 귀찮게 해가면서 도움을 구했다. 집에 와서도 수많은 맥주를 늘어세우곤 감별할 때까지 마시며 계속 간을 괴롭혔다. 다행히도 잘 버텨준 간 덕분에 우수 수료자로서 비어 소믈리에 자격을 따낼 수 있었다.

여세를 몰아 상위 레벨인 디플롬^{Diplom} 자격을 따려 했다. 디플롬 자격은 우리나라에 수십 명밖에 안 되는 나름 희귀한 자격이었다. 게다가 디플롬 자격은 맥주 평가를 위한 심사위원으로서의 활동이 부여된다. 이왕 여기까지 온 것, 끝까지 가보고 싶었다. 상위 레벨답게 고통 역시 차원이 달랐다. 필기시험의 난이도는 더 어려웠고 감별해야 하는 맥주의 수도 훨씬 많았다. 이번에는 맥주의 스타일을 넘어 맥주 브랜드를 맞혀야 하는 실기시험도 있었다.

우여곡절 끝에 디플롬 비어 소믈리에 시험을 겨우 턱걸이로 합격했다. 불과 얼마 전만 해도 알코올 쓰레기였던 내가 감사하게도 디플롬 비어 소믈리에 자격을 얻은 것이다.

더하기가 아닌 곱하기의 풍요로운 일상

공인된 디플롬 비어 소믈리에로서 나는 마케터 외에도 또 다른 일상을 살아가고 있다. 우선 비영리단체인 비어 소믈리에 협회의 기획수석위원으로 활동하고 있다. 좋은 맥주의 대중화와 함께 올바른 맥주 문화 확립을 위해 다양한 활동들을 기획하는 자리다. 또한 여러 맥주 심사 대회에서 우수한 맥주를 선발하는 맥주 심사위원으로 활동하고 있다. 그 외에 각종 세계주류박람회, 비어 엑스포 등 맥주 관련 행사에서 세미나를 진행하거나 운영 부스에서 소비자들을 만나 질 좋은 맥주를 추천하기도 한다.

비단 이런 전문적인 활동이 아니더라도 비어 소믈리에란 또 다른 자격은 생활 속에서도 신선한 활력이 되고 있다. 친구들에게 맥주를 소개하거나 추천해달라는 연락을 받기도 하고 맥주와 관련된 다양한 정보를 전달해주기도 한다.

또 클라이언트와의 술자리에서는 비어 소믈리에 자격이 약한 주량을 상쇄하는 하나의 대화 창구가 되기도 한다. 술을 잘 못 마시는 재미없는 마케터가 아니라, 맥주 한잔하러 펍이나 바에 가면 맥주에 관한 이야기를 들을 수 있는 사람으로 새로운 정체성을 갖게 된 것이다.

앞으로 또 기회가 된다면 맥주 마케팅을 다시 한번 해보고 싶다. 맥주 판매를 촉진하는 마케터가 맥주 자체의 맛을 분석한다는 아이덴티티는 나의 영역이 될 수 있다는 생각이 든다. 이것을 바탕으로 맥주 브랜드에 대한 컨설팅이나 브랜드 기획에 참여해보고 싶기도 하다. 그리고 아주 먼 훗날에 여력이 된다는 전제 아래 맥주를 직접 만들고 네이밍부터 패키징, 마케팅까지 해보고 싶다는 막연한 꿈을 꾸기도 한다.

모든 것을 떠나 특정 분야 하나쯤에 전문성을 가지고 있다는 마음의 든든함 같은 게 있는 것 같다. 이상한 나라의 앨리스처럼 내가 사는 '10 to 7'의 세계에서 새로운 세계로 이동하는 비밀 통로를 알게 된 것만 같다. 그 시작은 아주 사소했다. 맥주 마케팅을 경험한 데 그치지 않고 맥주라는 걸 더 배워보고 싶었다. 사실 딱 한 걸음 차이인 것 같은데 조금 더 알고 싶다는 의지가 훨씬 더 멀리 나아가게 해준 동력이 되었다. 어떤 것이 좋다면 좋아하는 데 그치지 않고 내 안에 온통 채워보는 것도 삶에 크나큰 활력을 가져다줄 수 있다.

재테크보다
배움테크

나는 재테크에는 영 소질이 없다. 일단 관심도 없을뿐더러 귀찮기도 하다. 친구들은 월급을 모아 투자를 했다거나 분양으로 집을 샀다고 한다. 한편으로는 대단하다고 생각하면서도 또 한편으로는 다른 세상 이야기처럼 들린다. 사실 나도 어떻게 돈을 모아야 하나 고민도 했다. 그러나 돈을 불리는 일은 내 적성에 맞지 않는 것 같다. 내가 투자하는 족족 손실이 나기 때문이다. 뭔가를 팔리게 해서 수익을 창출하는 마케터가 공교롭게도 본인의 수익 창출에 대한 감이 없다는 건 참 웃기고도 슬프다.

'나'라는 자산에 투자하세요

그러나 재테크 능력이 0에 가까운 내가 언제나 과감히 투자하는 영역이 있다. 바로 나에게 투자하는 일이다. 좀 더 구체적으로 말하면 나는 내가 경험하고 배우는 것에는 과감히 돈을 쓴다.

재테크에는 기대수익이라는 것이 있다. 그 기대수익은 엄청난 대박이 터지지 않는 이상 일정 수준의 이자 가치다. 그리고 재테크의 수익은 외부적인 요인에 크게 영향을 받는다. 시장의 호재와 악재에 따라 나의 수익이 변할 수 있는 것이다. 그러나 나는 나 스스로의 노력이 만들어내는 기대수익에 주목하고 싶었다. 내가 하기에 따라 '배움테크'의 수익은 천차만별이라고 생각했다. 내가 차곡차곡 쌓아가는 배움이 내 안에 누적되다 보면 언젠가 내 인생에 중요한 수익으로 전환되리라는 믿음이 있었다.

또한 배움에는 '타이밍'이라는 것이 있다고 생각했다. 인생이라는 전체 여정에서 특정 시기에 배워야 하는 것들이 있다. 그 배움의 시기를 놓치면 효과가 반감될 수도 있다. 배운다는 건 단순히 시간에 비례해 쌓이는 것이 아니기 때문이다. 즉 내 삶의 특정한 순간과 배움이 결합될 때 인생의 놀라운 모멘텀이 생겨난다고 생각했다. 내가 하는 일 혹은 하고 싶은 일에 배움은 놀라운 추진력이 되어 새로운 기회를 창출할 거라 믿고 싶었다.

물론 티 소믈리에, 비어 소믈리에 자격을 따거나 음악을 배우는 것처럼 나의 취향과 관련된 배움테크도 있었다. 그런데 사실 내가 가장 배움테크에 주력하는 분야는 바로 마케팅이다. 어쩌면 좀 불필요하다고 생각할 수도 있다. 이미 한창 마케팅 일을 하고 있는 마케터가 마케팅 분야를 배운다는 게 이해되지 않을지도 모른다. 현업에서 오래 일하고 있다는 것은 이미 배운 경험을 발휘하고 있어야 할 것 같기 때문이다. 그러나 나는 예전이나 지금이나 마케팅을 꾸준히 배워야 한다는 생각에는 변함이 없다.

배움에 '또'가 있을까?

재테크와 마찬가지로 배움테크도 명확한 목표를 갖고 세밀한 계획을 수립할수록 좋다. 먼저 내가 부족하다고 생각하는 점 혹은 내가 배우고 싶은 것을 스스로 발견해야 한다. 남들이 요즘 배우는 거라며 따라 선택하는 일은 되도록 지양해야 한다. 배움은 시작부터 마침까지의 과정이기에 자기 자신에게서 나오는 강력한 동기부여 없이는 중간에 포기할 수도 있기 때문이다.

배우고 싶은 것을 발견했다면 관련 교육 서비스를 제공하는 적절한 교육기관을 찾아야 한다. 강의 중에서 내게 가장 최적의 강의를 선별하는 과정도 필요하다. 무엇보다도 내가 선택한 강의가 나의 어떤 부분을 보강하고 채워줄 수 있을지 기대 효과를 생각해보는 것이 좋다.

나는 처음 회사에 입사하자마자 배움테크를 시작했다. 국가 기관에서 운영하는 재직자 대상의 마케팅 전략, 디지털, 크리에이티브 등의 과정을 수강했다. 사실 해당 내용은 학부 때도 배우는 내용이라 유사한 과정을 다시 신청했다는 게 의아할지 모른다. 그러나 비슷한 과정이어도 내가 배울 수 있는 여건과 눈높이에 따라 그 효과가 달라질 수 있다고 생각했다.

아무리 명강사가 훌륭한 방법으로 가르치더라도 듣는 이가 이해하려고 노력하지 않으면 무용지물이 된다. 즉 훌륭한 가르침보다 내가 지금 배울 수 있는 토대를 갖췄느냐가 중요하다. 당시 나는 갓 입사해 현업에서 매일 새로운 것들을 배워가는 시기였다. 업무와 교육을 병행하면 상호 시너지가 날 거라 기대했다.

업무와 배움을 함께 하는 건 생각 이상으로 도움이 되었다. 대개 학습 효과는 배우는 순간뿐만 아니라 배우기 전의 예습과 배운 후의 복습이 따를수록 좋다. 그런데 현업에서 업무를 하며 강의를 듣는다는 건 예습과 복습이 자동으로 진행되는 것과 같았다. 강의 전에 업무를 진행하며 생긴 의문점을 따로 메모해두었다가 강의를 들을 때 질문할 수 있고 강의에서 들은 내용을 실제 업무에 적용해보며 새로운 예제를 복습해볼 수도 있었다.

이와 함께 나는 대학원에서 석사 과정을 밟았다. 역시 광고 PR 전공이었다. 학사도 비슷한 전공이었던지라 같은 전공의 석사를 따는 것은 다소 불필요할 수 있었다. 그런데 마케터로 수년을 근무하다 보면 현업에 대한 본인만의 노하우가 생기지만 이는 철저히 실무 중심이다. 기획과 전략을 고민하다 보면 이론적 부분들이 필요할 때가 있는데, 연차가 쌓이면 학부 시절 배웠던 여러 가지 이론적 지식들이 어렴풋해진다. 그래서 실무 노하우와 마케팅 지식을 결합하면 좋겠다고 생각했던 것이다.

또한 배움테크는 의외의 부수적인 효과를 낳기도 한다. 강의 혹은 강의자를 통해 배우기도 하지만 함께 강의를 듣는 클래스메이트를 통해 배우기도 했다. 강의는 보통 배움이 갈급한 나와 비슷한 사람들이 수강하게 된다. 그들 중에는 나보다 경력이 오래된 마케팅 업계 선배님들도 있고 내가 접해보지 못한 영역에서 커리어를 쌓은 분들도 있다. 그들과 함께 과제를 하거나 친분을 쌓으며 배워나가는 것도 엄청난 지식이 된다. 그리고 그렇게 쌓은 인적 인프라는 마케팅 업무를 하면서 실질적이고 유용한 정보 공급원이 된다.

배움테크는 뭔가 배워야겠다는 생각도 중요하지만 무엇을 배워야 하는지에 대한 자문자답이 필요하다. 그리고 그 배움의 효과가 극대화될 수 있는 적절한 실천도 중요하다. 배움은 단순히 내가 새로운 걸 수렴하는 데서 그치는 것이 아니라 그것을 다시 발산하는 데서 완성된다.

그렇기에 마케터에게 배움은 투자이면서 성장이기도 하다. 또한 의지이면서 겸손의 표현이기도 하다. 내가 이미 마케팅에서는 전문가라 하더라도 언제나 배움의 통로를 열어두고자 하는 자세이기도 하다. 늘 뭔가를 받아들이고 끌어안으려는 열린 마음이 있을 때 배움을 통한 성장을 기대할 수 있다.

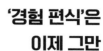

'경험 편식'은
이제 그만

마케팅은 실로 경험이 중요하다. 가이드나 매뉴얼이 없기 때문이다. 수학의 정석처럼 마케팅의 정석 같은 교과서가 없는 게 안타깝다. 마케팅 역량은 프로젝트 진행 경험이 누적되면서 향상된다. 꼭 성공적인 프로젝트가 아니더라도 경험 자체가 가치 있다. 내가 직접 좌충우돌하며 프로젝트를 실행한 것만으로 소중한 케이스 스터디가 되어 나만의 가이드가 되기 때문이다. 또한 경험들이 쌓이고 쌓이다 보면 어떤 일에 대한 판단이 빨라지기도 하고 변수를 예측하는 일종의 감도 생길수 있다.

문제는 마케터도 사람인지라 내가 선호하는 마케팅 프로젝트가 있을 수 있다. 그런데 내가 좋아하는 마케팅 업무만 맡을 수 없는 게 현실이다. 대개는 회사와 조직의 판단에 따라 내게 배분된 마케팅 프로젝트를 수행하게 된다. 그런데 여러 프로젝트를 진행하다 보면 처음에 선호하지 않았던 것들이 좋아지기도 한다. 또한 특정 업무를 싫어하는 것과 별개로 그 일을 내가 잘할 수도 있다.

즉 다양한 업무 속에서 내게 잘 맞고 잘할 수 있는 영역과 지점들이 보이기 시작한다. 좋아하는 것과 잘하는 것을 잘 파악해서 나만의 차별화된 강점으로 만들 수 있다. 마케팅 경험에는 왕도가 없다. 계속 누적해가면서 나의 경로를 개척하는 과정이다.

마케터를 꿈꾸는 예비 마케터들도 마찬가지다. 이들은 마케터에게 꼭 필요한 경험을 하고 싶어 한다. 준비할 수 있는 시간은 한정되어 있으니 취업에 유리한 경험을 하고 싶은 마음인 것 같다. 때문에 마케터가 되는 데 유리한 경험이 마치 매뉴얼처럼 통용되기도 한다. 마케팅 교육기관의 교육과정 이수, 공모전 수상, 마케팅 회사에서의 인턴 경력 같은 것 말이다. 그런데 이런 경험들이 마케터에게 필요하긴 하지만 전부가 아닌 것만은 분명하다.

나는 경험에는 지름길이 없다고 생각한다. 애초에 경험이라는 것 자체가 '효율적'일 수 없다. 경험이라는 건 결국 내가 보고 듣고 겪은 모든 과정의 학습이다. 빠르게 직진하며 나아갈 때보다 오히려 헤매고 우회했을 때 더 훌륭한 경험을 얻을 수 있다. 잘 뚫린 도로를 질주하는 사람은 길을 잃고 헤매는 길에 피어 있는 예쁜 꽃과 풀들을 결코 발견할 수 없다. 좌충우돌하며 방황하는 시간이 오히려 더 가치 있는 경험이 될 수 있다. 그래서 경험은 효율보다는 효과 차원에서 내게 어떤 영향을 미치는지가 중요하다고 생각한다.

혹시 '경험 편식'을 하진 않았나요?

마케터는 단순히 업무를 떠나 개인적으로도 다양한 경험을 하려 한다. 아이디어는 업무 경험에서만 비롯되는 게 아니기 때문이다. 때론 내가 경험하는 다채로운 삶의 순간들 속에서 좋은 아이디어가 탄생하기도 한다. 마케팅과는 무관한 것 같은 영화나 전시회 관람, 여행 등도 반짝이는 아이디어를 위한 재료가 된다. 이는 아이디어를 내는 순간의 자유로움과 지적 자극만을 의미하는 게 아니다. 마케터는 '소비자가 되어보는 것'이 중요하기에 소비자로서 많은 순간을 경험해보며 내는 아이디어가 더 빛날 수 있다.

그런데 경험이라는 건 피치 못해 겪기도 하지만 경험에 앞서 자신이 선택하기도 한다. 이는 경험을 선택하는 과정에서 개인적인 호불호가 발생할 수 있다는 것이다. 즉 내가 하고 싶은 경험과 하기 싫은 경험으로 나뉠 수 있다. 문제는 내가 하고 싶은 경험들만 도움이 되면 좋겠지만 하기 싫은 경험이 결정적인 도움이 되기도 한다는 점이다. 내가 하고 싶은 경험이 곧 내게 도움이 되는 도움이면 좋으련만 그렇지 않은 경우도 꽤 많다. 분명 도움이 되지만 내키지 않는 경험 앞에서 우리는 선택을 망설이기도 하고 회피하기도 한다.

예를 들어 외국어를 배워야 한다면 크게 다음과 같은 두 가지 선택지가 있을 수 있다. 외국으로 어학연수를 가거나 국내 학원에서 공부하는 것이다. 대다수가 외국으로 어학연수 가는 걸 선호할 것이다. 외국이라는 환경 특성상 현지 언어를 쓸 수밖에 없으니 자연스레 실력이 늘 것이라는 생각에서다. 그러나 우리는 알고 있다. 외국어 공부는 환경보다는 '마음먹기'에 달렸다는 것을 말이다.

외국에서도 한국 친구들과 어울려 한국어를 자주 쓰게 되면 결코 말이 늘지 않는다. 반면에 국내에서 공부하더라도 치열하게 공부하고 익히면 외국어 실력이 크게 향상될 수 있다. 아주 솔직하게 말해서 어학연수를 선호하는 건 환경도 환경이거니와 외국 생활에 대한 동경도 그 이유가 될 수 있다.

사실 내가 한 경험은 나를 드러내는 중요한 수단이 된다. 그래서 화려해 보이는 경험, 있어 보이는 경험에 눈길이 가는 건 당연하다. 자연스레 내가 겪고 싶은 경험들은 남들이 '우와!' 하고 감탄하는 경험들로 바뀐다. 문제는 그 경험이 실질적으로 내게 도움이 되는 경험이냐는 것이다.

아무리 멋지고 화려해 보이는 경험이라도 마케팅 일을 할 때는 큰 도움이 되지 않을 수도 있다. 도리어 소소하고 평범한 경험이 괜찮은 아이디어의 모티브를 제공할 수도 있다. 궁극적으로 내가 하고 싶은 말은, 겉으로 드러나는 허세 많은 경험보다 내면을 단단하게 만들고 내공을 쌓게 해주는 경험이 중요하다는 것이다.

예를 들어 어떤 업무를 하기 위해 세계 각지의 견문을 넓혀야 할 수도 있다. 그러면 우리는 세계 지도를 펼쳐놓고 가보지 못한 여행지를 찾으며 휴가 계획을 세우면 될까? 도서관으로 눈을 돌려보면 우리가 경험하지 못한 다양한 세계를 다룬 책들이 무수히 많다는 걸 알 수 있다. 심지어 누군가가 미리 경험하고 정리까지 해놓은 것이다. 그런데도 우리는 멀리 떠나는 것만 능사라고 생각한다. 그저 독서의 중요성을 이야기하는 게 아니다. 휴대폰에서 연예인 가십 등의 뉴스는 확인하면서 세계의 흐름이나 시장 상황, 경제 트렌드는 얼마나 읽고 있는가?

내게 영향을 미치는 내공을 쌓기 위한 경험은 나의 겉모습이 아니라 속을 단단하게 해준다. 그리고 그렇게 안에서 차오르는 근육은 어느 순간 실질적이고 강력한 무기가 된다. 다소 버겁고 내키지 않는 경험이라 하더라도 그것이 나의 내면을 살찌운다면 과감히 받아들여야 한다.

인생이라는 식탁 위에 놓인 무수한 경험이라는 반찬이 우리를 기다리고 있다. 골고루 섭취하고 소화하며 균형 있게 성장하는 건 바로 나 자신이다. 경험 편식을 훌훌 털어버리고 올바른 경험의 식습관을 가져보면 좋을 것 같다.

겉보다 속을 단단하게 하는 경험

일회성이거나 일시적인 경험도 있지만 계속 반복해야 하는 경험도 있다. 만일 내키지 않는 경험이라면 미루기가 십상이다. 하지만 내 속을 살찌우는 데 도움이 되는 경험이라면 이를 생활 습관으로 만들어야 한다. 아침에 일어나 영양제를 먹거나 운동을 하듯 매일의 경험 습관은 생각을 건강하게 만들어준다. 게다가 경험은 잠재력을 포함하고 있다. 경험으로 누적될 뿐만 아니라 다른 경험과 만나 새롭게 폭발하는 에너지원이 될 수도 있다. 그리고 다음 경험을 위한 교두보가 되어 새로운 세계로 나아가게 해주기도 한다.

내가 노력하려는 경험 습관은 굉장히 소소하다. 바로 한 달에 한 권 에세이를 읽는 것이다. 왜 하필이면 에세이를 읽으려고 하는지 의아할지도 모르겠다. 보통은 마케팅이나 트렌드 서적을 읽어야 할 것 같은데 말이다. 물론 마케팅 관련 서적은 마케팅 업무에 직접적이고 실질적으로 도움을 준다. 읽어두면 업무에 요긴하게 활용할 수 있다. 그러나 나는 마케팅 관련 서적보다는 에세이를 읽는 걸 택했다. 마케터이기에 마케팅 서적에 관심이 가는 건 사실이다. 그럼에도 불구하고 에세이를 읽는 이유는 따로 있다.

혹자는 이렇게 예상할 수도 있을 것 같다. 마케팅도 결국 소비자가 중요하다, 소비자는 곧 사람이니 사람을 공부할 필요가 있다, 그러니 에세이를 통해 인문학을 공부하면 사람을 연구하는 것과 같기에 에세이를 읽는다고 말이다. 부끄러운 얘기지만 나는 인문학이 뭔지 잘 모른다. 인문학을 마케팅에 어떻게 적용할 수 있을지도 명확하게 그려지지 않는다. 아마 내가 인문학에 대한 식견이 부족해서 그럴 수도 있다.

내가 에세이를 읽는 이유는 매우 사소하다. 바로 커뮤니케이션 능력을 기르고 싶어서다. 마케터는 모든 것을 언어화

한다. 무수한 회의를 하면서, 수백 통의 메일을 주고받으며 말과 글을 사용한다. 또한 소비자에게 전달해야 하는 마케팅 메시지 역시 언어다. 머릿속에 떠오르는 아이디어도 언어라는 틀을 통해 설명된다. 결국 업무의 모든 것이 텍스트화된다고 해도 과언은 아니다. 즉 내가 업무를 하며 표현하고 설명하고 설득할 때 언어라는 도구는 필수적이다.

아이디어가 아무리 좋더라도 언어로 잘 설명하지 못하면 아이디어를 관철시킬 수 없다. 즉 내가 한 좋은 생각은 언어를 통해 더 빛날 수도 있고 퇴색될 수도 있다. 그런데 에세이의 문장들은 그 매무새가 단단하다. 또한 비유적 표현은 폭넓은 상상의 여지를 제공하기도 한다. 작가들은 한 문장, 한 문장을 쓰기 위해 오랜 시간을 고민하기 때문이다. 문장에 쓰인 단어나 표현 방법을 유심히 보고 이를 기획서 같은 문서뿐만 아니라 회의 때 설명할 수 있는 표현으로 삼을 수 있다.

에세이를 읽는 것은 마케터로서 말과 글에 대한 어휘력을 높임과 동시에 설득력을 높이는 방법이다. 때로는 에세이가 마케터의 필수 도구인 언어 능력을 높이는 마법서가 될 수도 있다.

하루를
리플레이하는 버릇

마케터의 중요한 업무 중 하나가 네트워크를 기반으로 한 커뮤니케이션이다. 마케터는 끊임없는 연결 고리가 되어야 한다. 제품과 소비자 사이에서, 클라이언트와 소비자 사이에서 가교가 되어야 한다. 역할 자체가 중간에 놓여 있기에 끊임없는 커뮤니케이션이 필요하다.

또한 마케터의 업무에서 많은 비중을 차지하는 중 하나가 회의다. 목표를 공유하기 위해, 아이디어를 설득하기 위해, 협업하며 실행하기 위해 소통한다. 장시간 회의를 하다 보면 생각 이상의 발화량을 쏟아낸다. 거기다 PT까지 해야 하는 상황이 되면 어느새 입술이 마르고 목이 칼칼해져 있다.

사실 나는 사람마다 커뮤니케이션의 총량이 정해져 있다고 본다. 사람은 24시간 내내 말하거나 쓸 수 없기 때문이다. 아무리 말하기를 좋아한다고 해도 계속 말하는 것은 때론 엄청난 고역이 될 수 있다. 사람들과 끊임없이 대화하며 소통하는 것도 꽤 많은 에너지를 쓰는 일이다. 아마 많은 사람이 혼자 일할 때보다 사람들과 함께 회의하며 일할 때 더 피곤했던 경험이 있을 것이다. 따라서 커뮤니케이션이 중요한 마케터도 때론 쉬어가기가 필요하다.

나 자신과도 대화가 필요하다

커뮤니케이션을 잠시 쉰다는 것은 곧 다시 커뮤니케이션을 활발히 하기 위한 숨 고르기와 같다. 회의가 길어지며 나온 무수한 대화와 복잡한 상황을 정리하기 위해 머리를 식히기도 하고 장시간 팽팽했던 긴장감과 과민했던 신경을 이완시키는 것이다. 그런데 쉬어가기가 중요한 이유는 사실 따로 있다. 바로 '나를 돌아보는 시간'이 필요하기 때문이다.

내가 말할 때의 나는 주관적이다. 나를 객관화해서 바라볼 수가 없다. 한창 대화에 몰두하거나 설득하기 위해 몰입하고 있을 때 나 자신을 바로잡기는 어렵다.

커뮤니케이션에 집중한다는 건 상대에게 집중한다는 것이다. 협의해야 하거나 설득해야 하는 상대에게 에너지를 쏟아붓다 보면 자칫 나의 페이스를 잃을 수 있다. 그러다 보면 자신이 생각했던 소기의 목적과 생각의 중심이 엉뚱한 방향으로 흐르기도 한다.

게다가 수많은 커뮤니케이션을 한다는 것은 그만큼 많은 사람과 만나 일한다는 것이다. 다양한 사람과 이야기의 홍수 속에서 '나'라는 사람이 가진 기준과 원칙을 계속해서 상기하는 것은 중요하다. 이를 위해선 먼저 나라는 사람에 대한 온전한 파악과 검토가 필요하다.

매일의 나를 복기하는 루틴

나는 자기 전에 '혼맥'(혼자 마시는 맥주)을 한다. 물론 과음을 하는 건 건강에 좋지 않다. 그러나 맥주 한 병은 몸을 데우고 여러 생각과 감정을 쉽게 떠올리게 하는 촉매제가 되기도 한다. 뜬금없이 혼맥 얘기를 꺼낸 것 같지만 나는 혼맥을 통해 나를 들여다보는 시간을 갖는다. 서재에 앉아서 조명을 적당히 조절하고 잔잔한 음악을 틀어놓는다. 그리고 맥주 한 캔을 오픈한 다음 오늘 하루를 '다시 감기'해본다. 혼맥이 하루를 돌아보게 하는 루틴으로써 플래시백flashback의 버튼이 되는 것이다.

혼자서 하루의 일을 돌려보는 건 새로운 의미를 선사한다. 하루를 살아가는 나는 늘 1인칭일 수밖에 없다. 내가 주인공이 되어 나의 감각과 관점 속에서 살아간다. 그러나 하루를 다시 들여다보는 지금의 나는 제3자의 입장이 된다. 오늘이라는 하루를 살아간 나를 객관적 시선으로 바라볼 수 있다. 즉 3인칭 관찰자 시점에서 내 하루의 일상을 바라보는 것이다. 그러다 보면 순간에 매몰되어 지나쳤던 것들이 보이기도 하고, 당시에는 느끼거나 깨닫지 못했던 새로운 것들을 발견하기도 한다.

하루의 에피소드를 상기하면서 장면만 '리플레이'하는 것은 아니다. 그 장면 속에 내가 했던 말과 행동을 함께 떠올려본다. 혹시 과하거나 부족했던 언행이 없었는지 생각해본다. 바둑에는 '복기'라는 것이 있다. 이미 결과가 나온 바둑판의 수를 다시 두는 일이다. 그 수를 두면서 그 바둑을 두는 사람이 어떤 생각과 선택을 했는지 추리한다. 이와 마찬가지로 나의 하루에서 순간순간에 놓았던 수들이 과연 적절한 선택이었는지, 잘못된 수를 둔 건 아닌지 다시 한번 생각해본다.

고개를 끄덕이게 되는 칭찬할 만한 일도 있지만 이불 킥을 하게 만드는 실수도 생각날 것이다. 그때 왜 그랬을까 하며 후회하기보다는 왜 그런 언행을 했는지 원인을 살펴보는 게 우선이 되면 좋다. 사람마다 본인이 가진 습관이라는 게 있다. 가령 당황하거나 기분이 좋을 때 보이는 특유의 말투 혹은 몸짓이 있을 수 있다. 그게 내게 도움이 되지 않는다면 내일이나 이후에는 다시 반복하지 않기로 한다.

이는 마치 마케터가 제품 혹은 브랜드에 대한 진단을 내리는 것과 같다. 단순히 좋은 점을 부각할 수도 있지만 행여나 발생할지 모를 문제점을 발견하려 노력하기도 한다. 그 문제를 해결함으로써 제품 혹은 브랜드에 대한 인식이 확 달라질 수 있기 때문이다. '나' 역시 하나의 브랜드일 수 있다. 나라는 사람을 분석하고 다시금 문제가 되풀이되지 않게 해결하는 것 역시 마케터에게 필요한 일이다.

아주 소소한 습관이지만 하루 동안 어떻게 살았는지 나를 다시 한번 돌아보고, 스스로 검토하고 첨삭하는 과정은 나를 변화시키는 시작점이 된다.

나부터 나를
존중하는 법

요즘 우리는 혼자인 것에 익숙하다. 1인 가구의 증가와 함께 혼영, 혼밥 등 다양한 혼자만의 문화가 대세가 된 지 오래다. 유명한 TV 프로그램에서는 혼자 사는 연예인의 생활을 보여주기도 한다. 이제 혼자라는 일상은 우리의 보편적 삶이 되어가고 있다.

그런데 혼자만의 시간은 늘고 있지만 혼자를 대면하는 시간은 드문 것 같다. 우리는 혼자일 때도 휴대폰, 책, 이어폰 등 늘 뭔가와 함께한다. 즉 혼자서도 뭔가를 해야 할 것 같은 강박 때문에 나 자신을 들여다보는 데는 소홀하다.

갑자기 회사를 그만둔 친구들이 있었다. 누구보다 바쁘게 살았고 나름대로 열심히 살았다고 자부했던 친구들이다. 일에서도 성과를 내서 뿌듯하고 성취감도 느꼈다고 했다. 그런데 어느 날 갑자기 허무한 느낌이 몰려왔다는 것이다. 무엇을 위해 그렇게 열심이었는지 모르겠고 일을 하는 게 공허하게 느껴졌다고 했다. 지금까지 걸어온 시간이 무의미하다는 생각이 들기까지 했다고 한다.

그렇다. 번아웃이 찾아온 것이다. 번아웃은 모든 것을 태워 더 이상 태울 수 있는 에너지원이 없는 상태를 의미한다. 일에 몰입한 나머지 내 마음이 진짜 원하는 게 무엇인지를 간과한 것이다.

나에게 건네는 '셀프' 대화

마케터의 일상은 바쁘고 경쟁적이다. 수많은 사람과 수많은 업무와 수많은 트렌드를 만난다. 전장과도 같은 하루를 보내며 일들을 쳐내기 급급하다. 바쁜 시간 때문에, 외부에 온통 쏠린 시선 때문에 나 자신을 살펴볼 여유가 없는 것이 현실이다. 야근을 마친 퇴근길, 작은 한숨을 몰아쉬다 보면 왠지 모르게 쓸쓸함이 느껴진다. 하루를 온통 일로 채우느라 정작 내 안을 채우는 걸 소홀히 했기 때문일까.

때로는 철저히 혼자가 되어 나만의 사색에 빠지는 것도 필요하다. 나 자신에게 온전히 집중해서 온통 나라는 사람의 생각으로 가득 채워본다. 마치 제품을 마케팅하듯 나를 알아가고 나라는 존재를 탐구해가는 것이다. 그러기 위해서는 나 자신과 충분히 소통하는 시간을 가져야 한다. 그 소통을 위한 특별한 대화법은 바로 스스로 묻고 답해보는 것이다. 다소 이상한 행동 같지만 평소에는 내가 나에게 질문을 던질 일이 없다. 그래서 스스로 물어보고 대답하는 자문자답의 과정은 내가 원하는 것과 꿈꾸는 것을 살펴볼 수 있는 좋은 계기가 된다.

수년 전, 옥스퍼드대학에서 올해의 단어로 선정한 '셀피'Selfie는 요즘은 SNS에서 흔히 볼 수 있다. 내 모습을 내가 찍고 기록하는 게 전혀 어색하지 않다. 순간의 내 겉모습을 카메라에 담아내는 데 익숙한 것이다. 그러나 겉모습의 순간을 관찰하고 기록하듯 내 내면의 모습을 살펴보는 것도 중요하다. 나의 외면은 누구에게 보이는 것이지만 내면은 오직 나만 들여다볼 수 있기 때문이다.

셀피가 아닌, 나와의 셀프 대화는 잊고 있던 나의 내면을 더 구체적이고 충실히 드러나게 해준다. 그동안 바쁘다는 핑계로 등한시했던 나를 불러 마음껏 대화해보길 바란다.

마케터가 힙하지 않으면 어때

마케팅 업계에서는 다양한 은어들이 존재한다. 그중 '있어빌리티'(있어+ability)라는 용어가 있다. 이는 그럴싸하게 보이게 하는 능력을 일컫는다. 이제 마케터에게 '있어빌리티'는 강박적으로 추구해야 하는 척도가 되어가는 것 같다. 늘 식견이 깊고 트렌드에 해박하며 다양한 정보를 갖고 있어야 할 것만 같다.

마케터라고 하면 흔히 사람들은 유행을 선도하는 이미지를 그린다. 그렇다 보니 마케터는 실상은 아니더라도 늘 잘 아는 것처럼, 늘 멋진 것처럼 보여야 한다는 생각에 외부의 시선을 상당히 의식한다. 일종의 직업병인 셈이다.

마케터에게는 다음과 같은 것이 생활이 된다. 주말엔 골목 구석에 있는 나만의 힙 플레이스를 찾아간다. 그리고 여름휴가 때는 이색 여행지 한 곳 정도는 방문해야 한다. 친구들에겐 숨겨진 명소나 맛집을 추천해야 한다. 새로운 곳을 탐색하거나 트렌드를 경험하는 걸 즐기는 마케터라면 보람이 있을 것 같다. 그러나 마케터도 다양한 성향을 지닌 사람이다. 트렌드를 마케터로서 공부할 순 있지만 일상의 모든 순간에 반영하고 생활하긴 부담스러울 수 있다.

특별함을 추구하지만 오히려 특별한 일상에 대한 압박이

스트레스가 되는 마케터의 딜레마. 이제는 보여주고 앞서가야 한다는 부담에서 좀 자유로워지면 어떨까. 멋진 악기 하나 정도 배우고 공연하는 일상은 물론 훌륭하다. 그러나 나 홀로 슬리퍼를 끌고 코인노래방에 가서 음 이탈에도 아랑곳하지 않고 마음껏 노래를 불러보는 것도 내가 만족하는 일상이다. 시청률 높은 TV 프로그램을 보거나 프랜차이즈 식당에서 배달을 시켜 먹으면 어떤가. 남들에겐 그저 그래 보여도 내겐 소소하지만 확실한 행복이 있는 내 소중한 일상이다.

마케팅이 업이라 해서 모든 일상이 마케팅을 위해 바짝 긴장해야 한다는 건 참 피곤한 일이다. 가끔은 마케터로서 'off'된 일상도 필요하다. 그동안 에너지를 충전해서 다시 마케터로 'on'하는 것이다. 남들의 시선과 기대에 맞춰 나를 불편하게 할 필요는 없다. 내가 하고 싶은 걸 내가 온전히 할 수 있도록 일상을 내어주면 어떠랴. 일상의 순간들이 서툴러도 그만이고 짜임새 없이 느슨해도 그만이다.

이제는 누군가에게 인정받아야 한다는 강박을 편히 내려놓고 나를 인정해주면 어떨까? 이 세상에 온전히 나라는 존재를 받아줄 사람은 오직 나뿐이다. 나는 나로서 존중받아야 한다.

참 사적이고
사소한 취향

누구에게나 취향이라는 것이 있다. 그리고 그 취향은 지극히 개인적인 성격을 띤다. 비슷한 취향을 가진 사람은 있지만 모든 취향이 일치하는 경우는 희박하다. 또한 취향은 누가 시켜서 학습된 결과물이 아니다. 스스로 찾아보기도 하고 경험하기도 하면서 내재화된 나만의 독특한 개성이다. 그래서 취향은 나를 드러내는 정체성이자 내가 살아가는 삶의 방식, 표현이다. 비틀즈의 음악을 좋아한다거나 우드 향의 향초를 좋아하는 건 내 일상을 구성하는 방향이 되기도 한다.

　내게도 취향이라는 것이 있다. 취향의 속성처럼 나도 모르게 발현된 취향들도 있다. 막연히 브라질의 보사노바 음악을 좋아하게 된 건 나도 그 연유를 알 길이 없다. 그런데 한편으로는 내가 의식적, 반복적으로 추구하려는 취향도 있다.

이는 취향이 내게 도움이 될 수 있다는 관점에서 출발한다. 단순히 내가 좋아하는 걸 하니 즐겁고 행복하다는 정서적 차원의 이야기가 아니다. 취향은 내 일상을 다채롭게 만들 수도 있고 내 단점을 누그러뜨리는 역할을 할 수도 있다. 참 개인적이고 사소하지만 도움이 되는 취향을 실천하게 된 계기와 생각에 대해 얘기를 나누고 싶다.

취향 하나, 대중교통 활용하기

나는 이동 수단을 선택할 때 굉장히 편파적이다. 이동 수단마저 단순히 교통의 역할을 넘어 아이디어를 위한 또 다른 도구로 쓰려고 하기 때문이다. '복세편살'(복잡한 세상, 편하게 살자)의 시대에 꼭 이동 수단에서마저 뭔가를 해야 하느냐고 반문할지 모르겠다. 그런데 이동하는 그 순간에도 시간은 흘러간다. 가령 직장에서 집까지 이동에 소요되는 시간이 한 시간이라면 출퇴근에 두 시간을 이동 시간으로 쓰는 셈이다. 하루 24시간 중 수면을 위한 여덟 시간을 제외한다고 해도 열여섯 시간 중에서 두 시간은 비중이 꽤 커 보인다.

나는 자가용보다 대중교통을 선호한다. 고유가 시대에 경제적인 실리를 추구한다거나 자연환경에 대한 대승적 고민에서 나온 행동이 아니다. 사실 가고자 하는 곳의 대중교통 접근성이 현저히 떨어지거나 무거운 짐을 옮겨야 한다면 불가피하게 자가용을 이용한다. 그러나 대개는 대중교통을 이용하려 한다. 특히 출퇴근 시간이나 주말 시간에는 더더욱 그렇다. 이는 이동하는 동안의 시간을 잘 활용하면 좋겠다는 생각에서 비롯된 것이다.

사실 자가용은 편하다. 내 개인적 공간이며 내가 원하는 곳에 가장 가깝게 데려다준다. 그런데 운전하게 되면 두 손과 두 눈이 전방에 묶인다. 옆과 앞을 분주히 눈으로 따라가며 혹시나 모를 사고에 대비해야 한다. 초행길이라면 내비게이션을 봐야 한다. 제아무리 운전에 능숙한 사람이라 하더라도 두 눈을 감거나 두 손을 놓고 운전할 수는 없는 노릇이다.

반면에 대중교통을 이용하면 두 손과 두 눈이 자유로워진다. 이는 이동을 위해 나의 신경을 운전에 쓰지 않아도 된다는 의미다. 시시각각 휴대폰을 확인할 수도 있고, 책을 읽을 수도 있다. 나를 어느 장소로 데려다주는 그 시간을 뭔가를 할 수 있는 시간으로 쓸 수 있다.

나는 대중교통 중에서도 주로 지하철이나 기차를 이용하

는 편이다. 교통 체증의 변수를 고려하지 않아도 되고 출발과 도착이 거의 제시간에 이뤄진다는 건 두 번째 이유다. 내가 지하철이나 기차를 선호하는 주된 이유는 눈의 편안함 때문이다. 버스에서 책을 읽다 보면 그 특유의 흔들림 때문에 어지러움을 느낀다. 그러나 지하철이나 기차는 버스보다 상대적으로 흔들림이 덜하기에 책을 읽을 수도 있고 모바일 디바이스로 간단한 문서 작업도 할 수 있다. 즉 내가 처리할 수 있는 일이 훨씬 다양해진다.

또한 많은 사람이 모여든 플랫폼이라는 점도 선호하는 이유다. 다수의 사람을 일정 거리에서 관찰할 수 있기 때문이다. 버스와 달리 좌석의 형태가 대부분 마주 보고 있는 지하철은 의도하지 않아도 맞은편의 승객들을 바라보게 된다. 이들은 마케터의 눈에는 유심히 관찰해야 할 소비자로 보인다. 물론 사람들의 오해를 사지 않도록 에티켓을 지켜야 한다. 그렇게 두 눈에 들어오는 소비자들이 무엇을 입고, 무엇을 쓰고, 무엇을 하는지 관찰한다. 이는 지금 내가 살아가는 시대상과 트렌드를 유추해볼 수 있는 학습의 장이 된다.

취향 둘, 시를 흉내 내보기

나는 시 쓰는 걸 좋아한다. 물론 즐겨 쓰는 것과 잘 쓰는 것은 별개다. 실력이 부족하더라도 내가 느낀 생각과 감정을 운문을 통해 드러내는 걸 좋아한다. 그렇지만 시를 쓰는 과정이 거창한 것은 아니다. 일상 속에서 순간 느껴지는 생각이나 감정이 있다면 휴대폰 메모장을 통해 시라는 형식을 빌려 기록할 뿐이다. 시를 쓰는 방법을 배우고 싶어 시 쓰기 강좌를 듣기도 했지만 이를 통해 뭔가를 해보기 위함은 아니었다. 그냥 시를 쓰는 과정, 그 자체에 의미를 두었다.

사실 시를 쓴다는 건 마케팅이라는 일의 성격과 정반대인 것 같다. 마케팅 기획서를 쓰면 전달하고자 하는 내용이 모두 정확히 기입되었는지 검토해야 한다. 상상의 여지를 줄 수 있는 생략은 있어서는 안 된다. 분명하게 의도한 바가 전달될 수 있도록 꼼꼼히 살펴야 한다. 메일이나 회의도 마찬가지다. 상호 간의 이해를 위해 철저히 설명해야 한다. 혹시라도 누락되지 않도록 최대한 자세히 정보를 전달하고 공유해야 하는 것은 물론이다. 또한 정확하고 분명한 단어를 사용해서 똑같은 단어에도 해석의 여지가 생기지 않도록 주의해야 한다.

반면에 시는 굉장히 압축적이다. 작가가 전달하고자 하는 메시지를 서술보다는 정제된 단어와 문구를 통해 드러낸다. 시는 설명하려는 순간 매력이 떨어진다. 오히려 생략과 비유를 통해 다양하게 상상해볼 수 있는 여지를 주는 게 훌륭하다고 이야기하기도 한다. 따라서 단어의 선택 역시 직접적이지 않다. 작가가 바라본 세계에 따라 낯선 언어를 사용하기도 한다. 시를 읽는 독자들은 이런 표현을 통해 시에 담긴 새로운 세계를 드나들기도 한다.

이런 시의 특성은 내가 아이디어를 낼 때 중요한 부분이었다. 작가가 바라본 하나의 사물과 현상은 작가 자신의 관점을 통해 각자 다르게 표현된다. 그 표현은 그 누구도 흔히 표현하지 않는 작가만의 독창적 시각이다. 나 역시 시를 쓰며 평소에 내가 바라보고 경험하던 사물과 현상을 독특한 관점으로 바라보려 애쓰게 된다. 즉 내게 시 쓰기는 기록의 행위가 아니라 깊은 사유를 위한 습관이다.

나만이 발견한 사물과 현상을 '달리 보기'하는 것은 마케팅의 대상에도 똑같이 적용해볼 수 있다. 이는 아이디어를 낼 때도 나만의 차별적인 관점을 가질 수 있는 취향이 된다.

취향 셋, '기다림' 아이템 애용하기

나는 예민하고 급한 성격이다. 일에 몰두할 때면 빨리 일을 처리해 끝내고 싶은 마음이 앞선다. 그러다 보니 일을 마주할 때 여유보다는 조바심이 먼저 생긴다. 때로는 시간이 필요한 일도 있는데 기다리는 게 손해라는 생각도 한다. 그래서 가끔은 일의 방향이 내가 생각하지 않은 쪽으로 흘러가기도 한다. 이런 성격 때문에 평소 나는 조급한 면을 다독이거나 느긋한 성향을 지닌 뭔가를 하면서 급한 성향을 상쇄하려고 노력한다. 그렇게 찾은 취향이 바로 LP 듣기와 차 마시기다.

사실 요즘은 모든 것이 연결의 시대다. 휴대폰을 손가락으로 한 번만 터치하면 블루투스로 연결된 이어폰에서 훌륭한 음악이 나온다. 이어폰을 통해 듣던 음악을 연결 설정 터치 한 번으로 스피커를 통해 들을 수도 있다. 또한 노래 중간에 언제든지 멈출 수도 있고 듣고 싶은 특정 구간만 들을 수도 있다. 몇 초 듣고 다른 음악을 재생할 수도 있고 한 곡만 반복해서 들을 수도 있다. 이른바 하이퍼 커넥티드 시대라서 가능한, 쉽고 간편한 음악 감상을 할 수 있다.

그런데 LP는 이런 시대를 역행하는 듯하다. 노래를 듣기 위한 간편성과는 거리가 멀다. 우선 원형의 플라스틱판을 사각의 커버에서 꺼내야 하는데 쉽게 흠집이 날 수 있어 각별히 주의해야 한다. 그리고 LP를 플레이어의 중앙에 맞춰 끼워 넣는다. 고정된 걸 확인하면 카트리지를 조심스레 LP 위에 올린다. 플레이 버튼을 누르면 원형의 턴테이블이 돌아가고 카트리지의 니들이 LP판을 긁으며 음악이 나온다.

음악을 듣기 위한 과정이 꽤 번거롭게 느껴질 수 있다. 게

다가 앨범에 기재된 곡 순서대로 음악을 들을 수밖에 없다. 또한 대개 너덧 곡 정도가 한 면에 녹음되어 있다. 그래서 노래를 들을 만하면 다시 반대로 LP를 돌려 똑같은 과정을 반복해야 한다.

즉 LP로 음악을 듣는다는 건 단순히 음악을 듣는 행위가 아니다. 음악을 들으려면 즉시 들을 수 있는 휴대폰을 사용하는 게 더 나아 보인다. 그러나 LP를 들을 때처럼 음악을 듣기 전 여러 단계의 준비 과정을 거치다 보면 앞서가던 마음이 지금 순간에 머무른다. 음악을 듣기 위한 일종의 의식이 조급함을 다스리는 것이다. 또한 한 곡, 한 곡이 순서대로 재생되어 흘러나오는 곡에 온전히 귀를 기울이게 된다. 니들이 LP판을 스치는 특유의 질감에서 오는 소리 또한 내 안의 성급함을 잔잔하게 진정시킨다.

티 역시 비슷한 작용을 한다. 나는 아침에 티를 직접 우려 마시는 습관이 있다. 내가 마치고 싶은 티의 일정량을 소분해 물을 붓고 우려낸다. 이때 중요한 것은 적절한 온도와 우려내는 시간이다. 홍차는 보통 95도, 녹차는 대개 80도에 우린다. 끓는 물을 바로 쓰는 게 아니라 적정 온도에 맞게 식혀야 한다. 또한 차 종류에 따라서 3~5분의 시간을 기다려야 한다. 장시간 티가 침출되면 쓰거나 떫은맛이 날 수 있어 시간을 잘 확인해야 한다.

이처럼 한 잔의 티를 우려내는 데도 기다림이 동반된다. 이뿐만이 아니다. 마시는 순간에도 기다림이 필요하다. 막 우려낸 티는 꽤 뜨겁다. 바로 벌컥벌컥 마실 수가 없다. 후후 불어가면서 조금씩 식혀서 마셔야 한다. 즉 갈증을 채우기 위해 마시는 게 아니라 한 모금, 한 모금 시간을 마시는 것처럼 마신다. 그 '천천히'의 과정에서 마음에 따뜻함과 함께 넉넉함이 찾아온다. 아침의 조마조마한 마음이 티를 마시며 느긋한 여유를 갖는 것이다.

결국 LP를 듣거나 티를 마시는 것은 단순히 음악을 듣기 위해 혹은 티를 마시기 위해서만 존재하는 취향은 아니다. 기다림을 실천하며 기다림의 가치를 배우게 해주는 취향이다. 나의 부족한 성격을 쉽게 고칠 수 없다면 생활 속에서 적절한 취향을 찾는 것도 방법이 될 수 있다. 그 취향은 내 단점을 누그러뜨리면서 적당한 균형을 찾게 하는 역할을 한다.

나의 취향은 그 누구의 것도 아니고 오직 나만의 것이다. 취향은 나의 서투른 면을 메워 일상을 온전하게 하는 나만의 소중한 촉매가 된다.

코로나 블루와
인디언 써머 사이

코로나가 수년째 장기화되고 있다. 우리나라뿐만 아니라 전세계가 코로나 팬데믹으로 고통받고 있다. 게다가 여러 가지 변이가 나오면서 사스나 메르스처럼 지역적, 단기적으로 전개되었던 것과는 다른 양상이 되어가고 있다.

이제 내 친구, 내 가족의 코앞까지 다가온 코로나는 도무지 떠날 줄을 모르는 것 같다. 세계는 장기화된 코로나 시대를 인정하고 '위드 코로나'With Corona로 지금의 시기를 명명했다. 코로나를 하루라도 빨리 극복해야 한다는 처음의 목표를 내려놓고 코로나와의 공존을 준비해야 하는 상황이 도래한 것이다. 우리도 코로나와 함께 가야 하는 이 현실을 인정할 때가 되었다.

그동안 우리의 생활은 참 많은 것이 달라졌다. 우리를 둘러싼 환경과 산업, 기술들이 모두 코로나에 대응하는 방식으로 발전했다. 그리고 이렇게 달라진 일상은 우리의 정서와 감정에 많은 영향을 주고 있다. 한 예로 비대면에서 오는 공감 부족 현상을 들 수 있다. 매일 실내와 실외에서 착용하는 마스크는 답답함을 넘어 사람들에게서 어떤 표정도 읽을 수 없게 한다. 노트북 화면으로 본 상대에게서는 어떤 분위기나 공기도 감지할 수 없다. 집단 속에서 몸으로 부딪치며 느끼는 소속감도 이제는 먼 과거의 이야기처럼 느껴진다.

마음까지 '위드 코로나'일 필요는 없다

당연하다고 여겨졌던 것들을 할 수 없게 된 결핍감, 상실감은 우울증과 무기력증으로 이어지기도 했다. 이른바 '코로나 블루'가 우리를 위협하고 있다. 마스크 때문에 독감 환자는 줄었으나 정신과 상담을 받는 환자들은 최근 들어 늘었다는 것이 그 방증이다. 코로나는 우리의 일상뿐만 아니라 마음에도 깊고 넓게 침투하고 있다. 이런 상황에서 마음의 건강을 어떻게 유지해야 할지 많은 조언과 다독임이 필요한 시기다.

각자가 처한 현실과 생활이 다르겠지만 가장 중요한 것은 쿨한 '인정'이 마음의 병을 얻지 않는 예방법이 아닌가 싶다. 코로나는 내가 개인적으로 어떻게 할 수 없는 초국가적 대응 대상이다. 내가 어떻게든 이 생활을 탈피하고자 애를 쓴다고 해도 결국은 이 변화를 받아들여야만 한다.

도저히 살 수 없다며 사회적 거리두기가 완화된 지역에 가서 조금이나마 자유를 누려본다 한들 무슨 소용이 있을까? 어차피 다시 돌아와 머물러야 할 환경은 달라지지 않았다. 덜 위협적인 환경을 찾아다니는 건 일시적이고 소모적일 수 있다. 그보다는 변화된 환경에 적응하고 대처하는 것이 장기적이고 궁극적인 해결 방법이다.

코로나로 누리지 못하고 즐기지 못하는 걸 그리워하는 것은 더 자신을 측은하게 만들 뿐이다. 달라진 환경을 명확히 직시하고 그 속에서 내가 무엇을 누리고 즐길 수 있는지 살펴봐야 한다. 인간은 변화와 적응의 동물이라는 대전제를 기꺼이 받아들이는 것이 '이너피스'inner-peace의 시작이다.

마음의 방역도 필요하다

언뜻 보기에 코로나는 내가 누리던 자유로운 생활을 제한하는 것 같지만 때론 새로운 생활의 지평을 열어주기도 한다.

그리고 그 생활은 전에 느끼지 못했던 새로운 감정과 정서를 선사한다. 심지어 코로나로 잠시 일상을 멈추며 마음의 휴식과 위안을 얻을 수도 있다. 또한 바깥 활동은 줄어들었지만 집 안에서의 활동도 무궁무진할 수 있다는 걸 알게 되었다. 면대면 활동이 아니라도 커뮤니케이션할 수 있는 다양한 수단이 있다는 것도 증명되었다.

코로나 블루에서 벗어나려면 우울함을 느끼지 않으려고 노력하기보다는 긍정적인 정서를 많이 떠올리는 것이 중요하다. 행복함이나 즐거움 기쁨 등의 감정을 많이 느낄수록 우울한 감정이 드나들 틈이 생기지 않는다. 의식적으로 행복해지기 위해 노력하는 것이다. 이는 '착한 사람 눈에만 보인다'는 유머처럼, 코로나 상황에서도 재미있는 일을 발견할 수 있는 시야를 선물한다.

내 지인 중 한 명은 상당히 외향적인 사람이었다. 사람을 만나고 사람들과 함께 활동함으로써 에너지를 얻는 타입이었다. 그래서 사회적 거리두기를 상당히 힘들어했고 사람들과 교류할 수 없어 우울감에 빠졌었다고 했다. 그런데 우연히 유튜브를 시작하게 되면서 그의 일상은 완전히 달라졌다. 말하기 좋아했던 그는 순전히 호기심에서 1인 방송을 시작하게 되었는데, '그냥 누구든 상관없이 내 얘기를 하자'라는 차원에서 신변잡기 같은 이야기를 했다고 한다. 그러다 결국 본인의 역사교육 전공을 살려 흥미로운 야사^{野史}를 들려주는 유튜버가 되었다.

이처럼 내가 어떤 일상을 살아가고 어떤 즐거움을 찾느냐는 철저히 나 자신에게 달려 있다. 코로나가 모든 생활에 감옥과도 같은 철창을 세워 답답하다는 불평보다는, 변화된 이 환경에서 무엇으로 즐거움을 찾을 수 있을지 적극적으로 탐색해보는 게 어떨까. 코로나라는 환경 자체를 바꿀 수 없겠지만 그 환경을 어떻게 받아들이냐는 철저히 나에게 달렸다.

'인디언 써머'는 북미 대륙에서 늦가을에서 겨울로 넘어가기 직전 며칠 동안 여름이 되돌아온 듯 화창하고 따뜻한 날씨가 지속되는 현상을 일컫는다. 지금 내게 닥친 이 계절이 춥고 황량할지 모르지만 어떤 마음으로 무엇을 하며 지내느냐에 따라 따뜻한 나만의 인디언 써머도 될 수 있지 않을까. 마음가짐을 단단히 하고 '아자!' 하고 힘을 내어 생활하는 일, 즉 어떻게 살 것인가는 내가 선택할 수 있는 나만의 일이다.

결국,
사람이라는 소중함

요즘 같은 시기에는 코로나로 사람들을 만날 기회가 제한되어 관계를 맺고 성장하는 일이 어렵다고 생각할지 모른다. 특히 성향상, 직업상 관계 맺기가 중요한 사람들에겐 만남 자체의 제약이 인간관계의 발전을 저해하는 것처럼 보일 것이다. 그러나 관계 역시 양적 측면과 질적 측면으로 나눠본다면 이 시기가 양적 성장은 더딜지라도 질적 성장에는 괜찮은 모멘텀이 될 수도 있다.

코로나 이전 시대에는 이른바 '인싸'력이 일상의 미덕이었다. 많은 사람과의 활발한 교류와 만남이 곧 인맥이었고 중요한 자산이었다. 각계각층의 마당발이 되기 위해 독서 모임, 운동 모임, 와인 모임 등 다양한 사람들을 만나야 한다는 강박마저 있었다. '아싸'보다는 더 넓은 관계의 반경이 이 사회의 트렌드와 문화를 주도하는 힘이라고 생각했기 때문이다. 그러나 코로나로 인해 물리적으로 확장할 수 있는 인간관계의 기회가 제한되면서 관계의 본질에 대해서도 다시 생각하게 되는 시간이 도래했다.

'넓이'보단 '깊이'의 관계로

특히 코로나 시대에서 가장 크게 달라진 것은 바로 나와 가까운 사람들과의 내적 교류다. 외부 활동이 잦다 보면 거주 혹은 혈연 공동체인 가족에 소홀하기 쉽다. 그러나 코로나로 활동이 제한되면서 가족과 함께할 시간이 늘어나 대화와 여가 활동에 집중할 수 있게 되었다. 이로써 가족의 소중함을 상기하게 되었고 전에는 잘 몰랐던 가족과의 갈등도 풀 수 있는 시간이 생겼다.

또한 가까운 친구들과 더 깊은 관계를 맺게 되었다. 사회적 거리두기 단계에 따라 3, 4인 이상의 만남도 제한을 받으면서 단둘이 만나는 상황도 흔해졌다. 커뮤니티나 동아리 중심의 활동보다 소규모 모임이 주류가 되면서 좀 더 밀도 높은 교류가 가능해졌다. 이렇게 모임이 간소해지면 많은 사람을 만날 때보다 더 깊은 대화를 나눌 수 있고 상대방의 속마음도 더 잘 알게 된다.

게다가 식당, 카페 등의 영업시간이 제한되면서 한정된 시간 동안 밀도 높게 교류하는 방식이 중요해졌다. 그렇다 보니 정말 신경을 써야 할 관계와 그렇지 않은 관계로 자연스럽게 관계를 정리하게 되는 경우도 많아졌다.

사람을 통해 성장합니다

'비대면'이라는 말은 이제 흔한 말이 되었다. 사람을 만나야만 할 수 있다고 생각했던 일들이 이제는 만나지 않고도 가능하다는 걸 알게 되었다. 집에서 일하는 것이 더 이상 어색하지 않고, 많은 대화와 아이디어가 오가는 회의도 충분히 화면을 통해 할 수 있게 되었다. 심지어 회식까지도 랜선 회식이라며 각자 마시고 싶은 술을 마시면서 화면을 통해 도란도란 이야기를 나누는 시대가 되었다.

연락하고, 약속을 잡고, 약속 장소에 가서, 때론 상대방을 기다렸다가 만나고, 다시 귀가하고 연락하는 일련의 과정이 너무나 간편해졌다. 손안의 모바일 디바이스 하나만으로 사람을 만나는 게 가능해졌기 때문이다. 이제 사람들은 누군가를 직접 만나는 것보다 화면으로 만나는 것이 효율적이고 간편하다는 걸 느끼고 있다.

아침부터 출근길에 사람에 치일 필요도 없고 회의 시간에 부장님의 얼굴을 볼 필요도 없다. 팀장님의 회식 번개에 친구와의 약속을 취소할 필요도 없다. 타인과 관계라는 굴레에서 해방되는 느낌이라니! 그동안 인간관계가 힘들었거나 거슬렸던 사람들에게는 사회적 거리두기가 고마울 수도 있을 것 같다. 또한 사람들이 아닌 나 자신이 바라는 것들에 더욱 집중할 수 있고 나를 더 들여다보는 시간을 낼 수도 있다.

그러나 '결국엔 사람'이라는 말이 있다. 사람은 사람을 통해 성장한다. 〈1박 2일〉을 연출했던 유호진 PD는 이렇게 말했다. "연애를 시작하면 한 여자의 취향과 지식 그리고 많은 것이 함께 온다고 했다. 먹어본 적 없는 요리, 처음 듣는 유럽의 어느 여가수나 선댄스의 영화 같은 걸 알게 된다." 사람이 가지고 있는 총체적 정보과 취향은 그 사람이 지나온 시간을 담보한다. 그 오래된 시간적 배경을 가진 사람과 사람이 서로의 시간을 공유하는 건, 단순히 먹고 마시는 걸 넘어 놀라운 시너지를 내는 일이다.

내가 좋아하는 사람이나 친한 사람과의 교류에서만 그런 것은 아니다. 가끔은 거슬리고 신경 쓰이는 사람도 결국 나를 성장시킨다. 나와 다른 사람을 이해해보려고 하고 갈등을 해결하려고 노력하다 보면 다른 점을 인정하기도 하고, 피하는 것이 상책이라는 깨달음을 얻기도 한다. 나를 좋아해주는 사람을 통해 위안을 얻기도 하지만 나를 싫어하는 사람을 통해 내가 더 단단해지기도 한다. 즉 사람은 사람과 부대껴야 비로소 나라는 존재가 어떤 사람인지 발견할 수 있다.

결국 다시 대면의 시대는 온다. 사람과 사람이 만나야 하는 시대는 다시 돌아올 것이다. 지금까지 제한되어 있었기 때문에 전보다 더 활발한 대면 활동이 펼쳐질 것이다. 많은 사람이 교류하고, 이종의 사람들이 함께 어우러지고, 사람과 사람이 함께 공동의 가치를 추구하는 일들이 더욱 늘어날 것이다. 이는 단순히 사람에 대한 그리움이나 사람을 만나지 못한 결핍 때문은 아니다. 사람을 만나야 성장한다는 일종의 진화 기제가 우리 안에서 발동할 것이라는 생각이다.

어떤 제약도 없이 사람을 만나고 배우고 성장하는 일의 소중함. 인간 사이의 거리 없음에서 오는 다양한 시너지. 그런 것들이 얼마나 즐겁고 유쾌했는지 우리는 지금도 생생하게 기억하고 있고 끊임없이 추구할 것이다.

별것 없는 지난 시간의 흔적을 글로 옮겨 적으며 과거의 많은
순간과 마주했습니다. 회상을 통해 옮겨 적은 글을 처음 읽는
건 결국 저 자신이었습니다. 떠올리고 쓰고 고치는 과정에서
새삼스레 얻은 깨달음도 있었습니다. 창작은 고통을 수반한
다는 말처럼 쉽지 않은 일이었지만 어려운 만큼 보람이 있었
던 것 같습니다. 예전의 기억을 글로 소환해 지난날을 되새김
질해보는 건 참 보람된 시간이었습니다.

처음엔 비루하기 그지없는 글감이라고 스스로 폄하하기
도 했습니다. 평범한 일상과 사소한 순간의 연속이라 생각했

거든요. 그런데 서사처럼 기록한 초고에서 꽤 흥미로운 점을 발견했습니다. 그때는 보잘것없어 보였던 결심과 행동이 지금 꽤 많은 것을 달라지게 했다는 것을요. 그래서 지난 시간을 '다시 감기'하면서 앞으로의 시간을 어떻게 살아야 할지 고민을 해봅니다. 어쩌면 곧 다가올, 아무것도 아닌 것 같은 사소한 순간에도 좀 더 노력해야 할 것 같습니다.

마흔을 넘어선 저는 여전히 서툴기만 합니다. 얕기만 한 마음의 깊이, 철들지 못한 성격, 시도 때도 없이 오르락내리락하는 감정들. 훌륭한 어른이 되기에는 참 멀었다는 생각뿐입니다. 그런데 책을 쓰다 보니 새삼스레 느낀 것이 있습니다. 이 부실한 인간의 여정을 때로는 칭찬과 응원으로, 때로는 지적과 비판으로 함께해준 분들이 많다는 것입니다. 두 손 모아 감사하고 또 죄송하다는 말씀을 드리고 싶습니다.

가진 게 치기 어린 열정뿐인 저를 뽑아주고 길러준 제일기획에 무엇보다 감사드립니다. 그리고 그 속에서 늘 배우고 싶었던 선후배님들에게도 감사와 송구의 말씀을 전하고 싶습니다. 결점투성이인 저를 보듬고 함께 나아갈 수 있도록 해준 멋진 동료들이 제겐 늘 배움의 대상이었습니다. 칭찬도 해주었지만 부족함도 일깨워준 클라이언트분들, 함께 마케팅 관련 프로젝트를 협업해준 모든 분에게 감사합니다.

저에게 배움의 깊이를 일깨워주었던 분들에게도 감사드립니다. 제게 훌륭한 가르침을 준 광고계의 멘토 선배님들, 교수님들에게도 감사드립니다. 음악, 맥주, 티 등 저의 비루한 취향이 풍요롭게 성장할 수 있도록 곁에서 도와준 선생님들과 동료들에게도 감사를 드립니다. 초짜의 취향을 단단하게 해주고 가능성을 발견하게 해준 순간들에 함께 있어주어 참으로 든든했습니다.

까탈스럽고 예민한 성격도 못내 받아준 소중한 나의 친구들에게도 감사함과 미안함을 전합니다. 그리고 언제나 저를 보듬어주고 끌어안아주는 가족에게는 참 많이 사랑한다는 얘기를 전하고 싶습니다. 내게 사랑하는 가족이 있었기에 좌절 속에서 희망을, 불행 속에서 행복을 바라볼 수 있었습니다. 또한 부족한 소재와 글감임에도 이렇게 책으로 엮어준 비즈니스북스 출판사 분들에게도 깊은 감사를 전합니다.

마지막으로, 부족한 이 책의 완결은 이 책을 읽어준 분들이 있어 가능했습니다. 부족한 문단 속에서 가능성을 발견했다면 그것은 전적으로 읽은 분들의 마음에서 비롯된 것입니다. 끝까지 읽어준 분들에게 깊은 감사와 존경, 응원의 마음을 전합니다. 이 책은 마무리되지만 다시 시작하는 마음으로 저는 또 다른 성장통을 기다리겠습니다.